YOUCAT

LATINOAMÉRICA

LIBRO DE ORACIÓN

Editado por
Georg von Lengerke
y Dörte Schrömges

verbo divino

YOUCAT
Libro de oración

1ª edición, 2024

EDICIÓN ORIGINAL

Título de la edición original alemana: *YOUCAT Jugendgebetbuch*

© 2011 Pattloch Verlag GmbH & Co. KG, München

El propietario único de la YOUCAT Foundation es la Asociación Pontificia Internacional ACN (AID to the Church in Need [«Ayuda a la Iglesia Necesitada»]), con sede en Königstein im Taunus (Alemania).

Todos los derechos reservados. Tanto el logotipo como el nombre YOUCAT ® son una marca protegida internacionalmente bajo el registro 011929131. El uso de la marca se hace con la aprobación de YOUCAT Foundation.

Diseño de portada, maquetación, ilustración y composición tipográfica:
Alexander von Lengerke, Colonia (Alemania)

DE LA PRESENTE EDICIÓN PARA LATINOAMÉRICA

© De esta edición: Editorial Verbo Divino, 2024.

Traducción al español y adaptación de contenidos: Equipo Bíblico Verbo
Coordinación técnica: María Puy Ruiz de Larramendi

Impresión: Jomagar, Móstoles (Madrid)
Depósito legal: NA 1104-2024
ISBN: 978-84-1063-038-3
Impreso en España – *Printed in Spain*

YOUCAT Foundation destina los beneficios obtenidos a través de su labor editorial y mediante donativos recibidos a promover nuevos proyectos de evangelización para jóvenes en todo el mundo. Puedes apoyar el trabajo de YOUCAT Foundation haciendo un donativo: Deutsche Bank AG, BLZ: 720 700 24, N.º de cuenta: 031 888 100, IBAN: DE13 7207 0024 0031 8881 00, BIC: DEUTDEDB720

CONTENIDO

Tú puedes orar

Sí, tú puedes orar. Tal vez no hayas rezado desde que eras un niño. Tal vez la oración te sea completamente ajena. O tal vez te hayan dicho que es difícil orar o que de todos modos no sirve de nada. Quizás tengas miedo de que Dios no escuche tu oración. O has oído cosas sobre los grandes sentimientos que se pueden experimentar al orar, y tienes miedo de llevarte una decepción. Pero nada de esto debería impedirte orar.

¡Da un pequeño paso!

Sí, tú puedes orar. Te lo confirmamos, aunque no te conozcamos personalmente. Pero aquel a quien puedes orar y que quiere hablar contigo te conoce. Él está muy cerca de ti y te conoce mejor de lo que tú te conoces a ti mismo. Jesús es Dios hecho hombre. Y, desde su venida al mundo, decidió también habitar en tu corazón. Allí te espera. Allí quiere que lo busques y lo encuentres. Allí quiere hablarte y que lo escuches. Él te conoce y te ama como nadie. Puedes confiarte a él con toda tu vida, con todo lo bueno y lo difícil que experimentas, con tu alegría y tu dolor, con lo que te hace feliz y con aquello que te avergüenza.

Orar significa confiarle todo a Dios. Orar significa callar y escuchar; permitirle entrar en tu vida diaria, en tu cuerpo y tu memoria, en todo lo que hablas, piensas y haces. Dios ya ha dado el gran paso hacia ti. Para ti, el camino hacia la oración también comienza solo con un pequeño paso. Te invitamos a darlo.

La guía de oración para dos semanas y los temas de la vida

Este libro pretende ser una ayuda para este camino de oración y de amistad con Dios. Recopila oraciones antiguas y nuevas, para tus días y tus noches, tanto si te resultaron buenos como malos. Encontrarás oraciones extraídas de la Sagrada Escritura, oraciones pertenecientes a grandes orantes del pasado y a personas de hoy en día.

El libro consta de dos partes.

La primera es una propuesta de oración repartida a lo largo de dos semanas, con oraciones para la mañana y para la noche. Los días de la primera semana se centran en temas de nuestra vida con Dios, mientras que los de la segunda semana se centran en temas de la vida de Dios con nosotros.

La segunda parte es una colección de oraciones sobre diferentes temas y preocupaciones. Se pueden combinar bien con el ritmo regular de la primera parte, y se pueden integrar en él, según la ocasión, las diferentes festividades de la Iglesia o tus propias inquietudes.

Las oraciones de otros son una guía para tu propia oración

Las oraciones de otros pueden guiarte hacia la oración en voz alta con tus propias palabras y hacia la oración interna en silencio. Las oraciones de otros no están destinadas simplemente a ser «recitadas». Cuando haces tuya la oración de otra persona, estás orando con ella y ella contigo. Los autores de las oraciones de este libro quieren ser tus compañeros de oración y de súplica. Pueden convertirse en compañeros de camino en la fe que te ayuden a encontrar cada vez más tus propias

palabras y también el silencio de la oración. Así te converti-
rás paso a paso en una persona de oración, en una persona
unida a Dios.

Puede ocurrir que ciertas oraciones, frases o palabras lle-
guen a los más profundo de tu corazón. Entonces, quédate
allí. Tómate un tiempo. Deja que las palabras penetren profundamente en tu corazón y en tu cuerpo. Tal vez quieras
aprenderlas de memoria y llevarlas contigo en tus activi-
dades y preocupaciones diarias. También puede servirte de
ayuda recitar algunas oraciones en voz alta. Tampoco necesitas tomar siempre todas las oraciones; elige y quédate
donde un fragmento te llame especialmente la atención.

Mientras buscábamos, encontrábamos y recitábamos estas
oraciones una y otra vez, hemos recorrido el mismo camino que tú puedes recorrer ahora con este libro. Y lo seguimos recorriendo. Y junto con nosotros caminan multitud de
orantes: personas de cualquier época desde la creación del
mundo; aquellas que ya están con Dios y aquellas que todavía viven hoy con nosotros. Muchas oran contigo y por ti,
también nosotros.

Sí, tú puedes orar. Y, si quieres, puedes empezar hoy mismo.

Ehreshoven, agosto de 2011
Fray Georg Lengerke y Dörte Schrömges

Una pequeña escuela de oración

Decídete.

Dios nos ha querido y creado como seres libres. Muchas veces al día evaluamos, establecemos prioridades, tomamos decisiones. Sin decisiones, nada avanza. Si lo deseas, decide convertirte en una persona que ora y entabla una relación con Dios. Decide conscientemente: en tal momento quiero orar. Toma la decisión de la oración matutina desde la noche anterior y la de la oración vespertina desde la mañana.

Sé fiel en lo pequeño.

Muchos comienzan con grandes propósitos de oración. Después de un tiempo, fracasan y creen que no pueden orar. Para esto, empieza con horarios de oración cortos y fijos, y mantente fiel a ellos. Entonces, tu deseo de orar y tu oración crecerán según el tiempo y las circunstancias te lo permitan.

> Sobre todo, el verdadero acto de oración implica hacerlo de forma regular. No solo cuando el corazón lo impulsa. El alma se nutre de la oración. Pero toda vida busca regla y repetición, busca ritmo.
> ROMANO GUARDINI

Tómate tiempo para orar.

Orar significa ser consciente de que Dios está dispuesto a escucharme. Con Él, no necesitas solicitar audiencias. Para el tiempo de oración, hay tres criterios que pueden ser útiles: elige un momento fijo (la costumbre ayuda), un momento tranquilo (con frecuencia, por la mañana temprano y por la noche) y un momento valioso, que con gusto disfrutas, pero que también estás dispuesto a regalar (no es un «tiempo perdido»).

> «Puedes orar en todo momento». Sé que podemos hacerlo, pero temo que aquellos que no oran en momentos específicos rara vez oren.
> CHARLES HADDON SPURGEON

Escoge un buen lugar.

El lugar donde oras también influye en tu oración. Por lo tanto, busca un lugar donde puedas orar bien. Para algunos, puede ser el borde de la cama o el escritorio. A otros les ayuda tener un lugar preparado que asocien a la oración y que invite a ella: un taburete, un reclinatorio, una alfombra, un icono o una imagen, una vela, la Sagrada Escritura o un libro de oraciones.

Tú, en cambio, cuando ores, retírate a tu habitación, cierra la puerta y ora a tu Padre que está en lo secreto; y tu Padre, que ve en lo secreto, te recompensará.

MATEO 6,6

Ritualiza y estructura tu vida de oración.

En ocasiones, ponerse a rezar puede suponer un gran esfuerzo. Para adquirir el hábito, da a tu oración un orden fijo (un ritual). Esto no debe limitarte, sino ayudarte a no tener que pensar todos los días si quieres orar y cómo hacerlo. Antes de la oración, ponte conscientemente en presencia de Dios; después de la oración, tómate un momento para dar gracias a Dios y recibir su bendición.

La oración que una persona realiza con su mejor esfuerzo tiene un gran poder. Hace dulce un corazón amargo, alegra a uno triste, enriquece a uno pobre, hace sabio a uno tonto, da coraje a uno desanimado, fortalece a uno débil, hace ver a uno ciego, hace arder a uno frío. Atrae hacia el gran Dios al pequeño corazón; eleva el alma hambrienta a Dios, que es la fuente de vida, y une a dos amantes: Dios y el alma.

SANTA GERTRUDIS DE HELFTA

Ora con todo tu ser.

La oración no solo se realiza con pensamientos y palabras. En la oración, la persona en su integridad puede conectarse con Dios: tu cuerpo, tu percepción interna y externa, tu memoria, tu voluntad, tu pensamiento y tu sentir, o el sueño de la noche anterior. A veces, las distracciones también te proporcionan información importante sobre lo que realmente te ocupa y te mueve, y acerca de aquello que puedes traer ante Dios y dejar con él. Puedes anotar las tareas que te vienen a la mente durante la oración —y que no quieres olvidar—, y regresar después tranquilamente a la oración.

> Si tu corazón se distrae o sufre, tráelo de vuelta a su lugar con cuidado y colócalo suavemente en la presencia de tu Señor; e incluso si en tu vida no has hecho nada más que devolver tu corazón y colocarlo de nuevo en la presencia de nuestro Dios, a pesar de que cada vez que lo recuperabas volvía a escaparse, entonces has cumplido bien con tu vida.
> SAN FRANCISCO DE SALES

Ora de diferentes maneras.

Descubre y practica las muchas formas de oración, que pueden variar según el momento o tu estado de ánimo: la oración formulada por otras personas de oración, con las que me uno; la oración personal basada en mis circunstancias; la oración con una palabra de la Sagrada Escritura (por ejemplo, extraída de las lecturas del día); la oración del corazón (o la oración de Jesús), en la que se repite una breve invocación de oración o solo el nombre de Jesús con cada respiración; la oración interior, en la que todo nuestro ser guarda silencio y escucha...

Aprovecha las oportunidades.

También puedes aprovechar las oportunidades que se presentan para orar en momentos intermedios (por ejemplo, oraciones breves tipo jaculatorias, una petición, un breve agradecimiento o alabanza): el tiempo de espera, el viaje en autobús, en tren o en coche (sin poner música inmediatamente), el tiempo libre, la capilla o la iglesia en tu camino diario. Deja que estas oportunidades para orar se transformen en invitaciones que te conecten una y otra vez con Dios.

Deja que Dios hable.

Orar también significa escuchar la voz de Dios. Dios habla con mayor claridad a través de las palabras de la Sagrada Escritura que la Iglesia lee día tras día. Habla a través de la tradición de la Iglesia y el testimonio de los santos. Pero también habla —a menudo de manera oculta— en el corazón de cada persona, por ejemplo, en el juicio de tu conciencia o mediante una alegría interior. La palabra de Dios en la Escritura hace audible la palabra de Dios en el corazón y le da voz. Deja que Dios hable en tu oración. Familiarízate con él para que puedas distinguir su voz entre muchas otras y aprender a reconocer su voluntad.

> Nos quejamos de que Dios no se nos revela en los pocos minutos que le dedicamos, pero ¿qué pasa con las veintitrés horas y media en las que Dios llama a nuestra puerta y nosotros le respondemos: «Lo siento, estoy muy ocupado»?
> ANTHONY BLOOM

Ora con la Iglesia terrenal y la celestial.

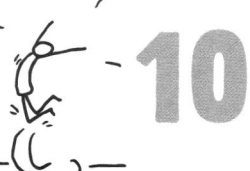

Quien ora se coloca —ya sea solo o con otros— dentro de la gran comunidad de las personas que oran. Esta comunidad se extiende desde la tierra hasta el cielo e incluye a quienes viven hoy, así como a los ángeles, los santos y la multitud desconocida de quienes viven con Dios. Orar también significa rezar los unos por los otros. Por lo tanto, es bueno no solo rezar por uno mismo, sino también, cuando sea posible, orar con otras personas: con la familia, con amigos, con tu comunidad. Y con los santos. Puedes pedirles que recen por ti. Porque la solidaridad de oración de las personas ante Dios no termina con la muerte.

> ¡Hagan espacio en sus vidas para la oración! Orar solo es bueno, pero aún más hermoso y provechoso es orar juntos, porque el Señor ha dicho que donde dos o tres estén reunidos en su nombre, él está en medio de ellos (ver Mateo 18,20).
> BENEDICTO XVI

PRIMERA PARTE

Te alabaré
día tras día

GUÍA DE ORACIÓN PARA DOS SEMANAS

Primera semana: Mi camino con Dios

SEMANA 1 DOMINGO

TÚ ME CONOCES

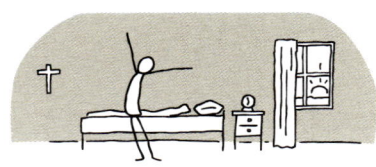

+ En el nombre del Padre y del Hijo
y del Espíritu Santo. Amén.*

(En cada +
se hace la señal
de la cruz)

+ Señor, abre mis sentidos

+ Señor, abre mis labios para que mi boca
proclame tu alabanza

+ Señor, abre mis ojos para que vea tu obrar
y la necesidad humana.

+ Señor, abre mis oídos para que escuche tu palabra
y el clamor de los pobres.

+ Señor, abre mi nariz para que distinga lo viviente
de lo inerte.

+ Señor, abre mi entendimiento para que te comprenda
a ti y comprenda tu palabra.

+ Señor, abre mi corazón para que te conceda espacio
y te busque y encuentre en todo.

+ Señor, abre mis manos para que pueda recibir
tus dones y entregarme con alegría a los demás.
Amén.

En muchas comunidades orantes, la primera oración del día comienza con la petición del Salmo 51: «Abre mis labios, Señor, y mi boca proclamará tu alabanza» (Salmo 51,17). Esta incluye la solicitud de ser despertado para alabar a Dios y ser consciente de para qué más abro mis labios durante el resto del día.

* Encontrarás una oración para la señal de la cruz en la página 105.

Te vi

Al ver llegar a Natanael, Jesús dijo: «Este es un verda-dero israelita, un hombre sin doblez». «¿De dónde me conoces?», le preguntó Natanael. Jesús le respondió: «Yo te vi antes que Felipe te llamara, cuando estabas debajo de la higuera». Natanael le respondió: «Maestro, tú eres el Hijo de Dios, tú eres el Rey de Israel».

JUAN 1,47-49

Silencio

Mi petición para este día...

Padrenuestro

Padre nuestro, que estás en el cielo,
santificado sea tu Nombre,
que venga tu Reino,
que se haga tu voluntad
en la tierra como en el cielo.
Danos hoy nuestro pan de cada día.
Perdona nuestras ofensas,
como nosotros perdonamos
a los que nos han ofendido.
No nos dejes caer en la tentación,
sino líbranos del mal.
Amén.

De MATEO 6,9-13

Intenta rezar el Padrenuestro ayudándote con la respiración. Con cada exhalación, ora una frase. Es el Espíritu Santo mismo quien ora en ti. Y tu respiración es una imagen de Él, del Espíritu que Dios te dio al darte la vida (ver Génesis 2,7).

El escudo de san Patricio

Me levanto hoy
animado y fortalecido
por medio de la fe en Dios Uno y Trino.

Me levanto hoy
por medio del poder de Dios que me sostiene,
mirada de Dios que me vigila,
oído de Dios que me escucha,
mano de Dios que me guarda,
palabra de Dios que habla por mí,
sabiduría de Dios que me guía,
senderos de Dios tendidos frente a mí,
escudo de Dios que me protege.

Cristo conmigo,
Cristo delante mí,
Cristo detrás de mí,
Cristo dentro de mí,
Cristo debajo mí,
Cristo sobre mí,
Cristo a mi derecha,
Cristo a mi izquierda,
Cristo cuando me acuesto,
Cristo cuando me siento,
Cristo cuando me levanto,
Cristo a lo ancho,
Cristo a lo largo,
Cristo a lo ancho.
Amén.

SAN PATRICIO DE IRLANDA

Bendíceme, Señor,
protégeme de todo mal
y guíame a la vida eterna.
+ En el nombre del Padre y del Hijo
y del Espíritu Santo. Amén.

+ En el nombre del Padre y del Hijo
y del Espíritu Santo. Amén.

Miro hacia atrás y repaso este día en silencio. Recuerdo con quiénes me encontré a lo largo del día, aquello que pensé, y lo que dije e hice.

Padre bueno, te doy gracias por este día y por todo lo bueno que he experimentado. Perdóname por cada vez que he pecado contra ti, contra los demás o contra mí mismo, y deja que mi corazón halle el sosiego en ti. Amén.

Todo lo recibo de tu mano

Todo lo recibo continuamente de tu mano.
Esa es mi verdad y mi alegría.
Incesantemente, tu mirada me sostiene,
y vivo de tu mirada,
tú, mi Creador y mi Salvación.

Enséñame,
en el silencio de tu presencia,
a comprender el misterio de que existo.
Y que existo por ti,
ante ti
y para ti.
Amén.

ROMANO GUARDINI

Tú me conoces

Señor, tú me sondeas y me conoces,
tú sabes si me siento o me levanto;
de lejos percibes lo que pienso,
te das cuenta de si camino o si descanso,
y todos mis pasos te son familiares.

Para rezar los Salmos

Los Salmos son el libro de oraciones de la Biblia. Los rezas junto con millones de cristianos y judíos de todo el mundo. Con quienes oran hoy y aquellos que oran desde hace 2500 años, pues para Dios todas las oraciones que le hemos dirigido están y estarán siempre presentes. Los Salmos pueden ayudarnos a llevar ante Dios todas las experiencias y emociones del corazón humano: alegría y gratitud, desesperación e ira, incluso el odio hacia los malvados y la pregunta de si Dios realmente duerme mientras sufrimos.

> La gloria de Dios es que el hombre viva.
SAN IRENEO DE LYON

Antes que la palabra esté en mi lengua,
tú, Señor, la conoces plenamente;
me rodeas por detrás y por delante
y tienes puesta tu mano sobre mí;
una ciencia tan admirable me sobrepasa:
es tan alta que no puedo alcanzarla. [...]
Tú creaste mis entrañas,
me plasmaste en el seno de mi madre:
te doy gracias porque fui formado
de manera tan admirable.
¡Qué maravillosas son tus obras!
Tú conocías hasta el fondo de mi alma. [...]
Tus ojos ya veían mis acciones,
todas ellas estaban en tu Libro. [...]
Observa si estoy en un camino falso
y llévame por el camino eterno.
Gloria al Padre y al Hijo y al Espíritu Santo.
Como era en el principio, ahora y siempre,
por los siglos de los siglos. Amén.

De SALMO 139

Te adoro

Señor, nos has creado,
y nuestro corazón está inquieto
mientras no descanse en ti.
Tuya es la luz del día.
Tuya es la oscuridad de la noche.
La vida es tuya y la muerte.
Yo mismo soy tuyo y te adoro.
Déjame descansar en paz,
bendice el día que viene,
y haz que despierte para alabarte. Amén.

SAN AGUSTÍN

El Señor todopoderoso nos conceda
una noche tranquila y una muerte santa.

+ En el nombre del Padre y del Hijo
y del Espíritu Santo. Amén.

TÚ HAS AFIANZADO MIS PASOS

+ En el nombre del Padre y del Hijo
y del Espíritu Santo. Amén.

Tuyo soy

No temeré, Señor, porque tú me creaste.
Me llamas por mi nombre.
Te pertenezco.
Si cruzo por las aguas, tú estás conmigo,
y los ríos no me anegan.
Si camino por el fuego, no me quemaré
y las llamas no me abrasarán.
Porque tú eres el Señor, mi Dios,
el Santo de Israel, mi Salvador.
Porque soy de gran precio a tus ojos,
me amas.
A tus hijos y a tus hijas
los has creado para Tu gloria.
Tú solo eres Dios y eres el mismo desde siempre.
No temo, porque tú estás conmigo.

Inspirada en ISAÍAS 43

> Para alcanzar algo es necesaria una grande y muy determinada determinación de no parar hasta llegar.
>
> SANTA TERESA DE ÁVILA

Él los hará inconmovibles

Descarguen en él todas sus inquietudes, ya que él se ocupa de ustedes… sabiendo que sus hermanos dispersos por el mundo padecen los mismos sufrimientos que ustedes. El Dios de toda gracia, que nos ha llamado a su gloria eterna en Cristo, después que hayan padecido un poco, los restablecerá y confirmará, los hará fuertes e inconmovibles.

1 PEDRO 5,7.9B-10

Silencio

Mi petición para este día…

Padre nuestro, que estás en el cielo…

> 99 Aquellos que desean comenzar una buena vida, deberían hacerlo como alguien que dibuja un círculo. Si coloca correctamente el centro del círculo y se mantiene firme, entonces la línea del círculo será buena. Esto significa que el ser humano debe aprender primero a mantener su corazón firme en Dios, entonces será constante en todas sus obras.
>
> MAESTRO ECKHART

Mi anhelo de verdad

Te alabo, mi Padre,
por el anhelo de verdad
que has plantado profundamente en mí.
No se conforma con promesas vacías,
soluciones simples y frases huecas.

Te pido, mi Padre,
que mires conmigo la verdad de mi vida,
todo lo auténtico y lo falso,
todo lo verdadero y toda mentira,
toda plenitud y todo vacío.

Confío en ti, mi Padre,
que entras en mi vida,
que con tu luz iluminas mi oscuridad
y eres para mí la verdad
que saciará todo mi anhelo.
Amén.

DÖRTE SCHRÖMGES

Bendíceme, Señor,
protégeme de todo mal
y guíame a la vida eterna.
+ En el nombre del Padre y del Hijo
y del Espíritu Santo. Amén.

+ En el nombre del Padre y del Hijo
y del Espíritu Santo. Amén.

Miro hacia atrás y repaso este día en silencio. Recuerdo con quiénes me encontré a lo largo del día, aquello que pensé, y lo que dije e hice.

Padre bueno, te doy gracias por este día y por todo lo bueno que he experimentado hoy. Perdóname por cada vez que he pecado contra ti, contra los demás o contra mí mismo, y deja que mi corazón halle el sosiego en ti. Amén.

Me alegro de vivir

> ¿Qué es lo peor que el ser humano puede hacerse a sí mismo? –Olvidar que es hijo de un rey.
> MARTIN BUBER

Señor, mi Dios:
como el pez no puede vivir sin agua,
así no puedo vivir sin ti.
Me has creado, sostienes mi vida.
Hoy vengo a agradecerte por la vida
que me das constantemente.
Vengo a agradecerte,
a decirte cuánto amo la vida.

Sí, me alegro de vivir,
aunque a menudo me sienta fuera de lugar,
cuando estoy estancado
y no sé hacia dónde debería ir.

Sobre todo, me alegro de ser tu hijo,
de llevar en mí el aliento de la vida divina,
tu Espíritu Santo.

Deseas vivir en mí, ser huésped en mí.
Desde el fondo de mi corazón,
te agradezco por este honor,
por esta alegría. Amén.

Inspirada en una oración de Burkina Faso

Dios no quiere *sacrificios de animales ni ofrendas de comida*. No quiere que le des cosas. Tampoco desea tus logros y éxitos (aunque sean gratificantes), ni buenas calificaciones, ni lo que te hace grande a los ojos de otros. Te anhela a ti mismo, anhela tu corazón, tal como es hoy; que también le entregues tu dolor y tu culpa. De este modo, será tu Salvador y sanará lo que está roto en ti.

Sí, aquí estoy

Esperé confiadamente en el Señor:
él se inclinó hacia mí
y escuchó mi clamor.
Me sacó de la fosa infernal,
del barro cenagoso;
afianzó mis pies sobre la roca
y afirmó mis pasos.
Puso en mi boca un canto nuevo,
un himno a nuestro Dios. [...]
¡Cuántas maravillas has realizado,
Señor, Dios mío!
Por tus designios en favor nuestro,
nadie se te puede comparar.
Quisiera anunciarlos y proclamarlos,
pero son innumerables.
Tú no quisiste víctima ni oblación;
pero me diste un oído atento;
no pediste holocaustos ni sacrificios,
entonces dije: «Aquí estoy.
Yo amo, Dios mío, tu voluntad,
y tu ley está en mi corazón». [...]
Gloria al Padre, y al Hijo, y al Espíritu Santo.
Como era en el principio, ahora y siempre,
por los siglos de los siglos.
Amén.

De SALMO 40

¡ALELUYA!

Oración de bendición

Señor, ve delante de mí
y muéstrame el camino correcto.
Señor, quédate a mi lado
y protégeme.
Señor, ubícate detrás de mí
y guárdame de la traición de la gente malvada.
Señor, ponte debajo de mí,
sálvame de las trampas y atrápame si caigo.
Señor, permanece en mí
y consuélame cuando esté triste.
Señor, rodéame
y defiéndeme de aquellos
que se lanzan sobre mí.
Señor, quédate sobre mí
y bendíceme.

El Señor todopoderoso nos conceda
una noche tranquila y una muerte santa.
+ En el nombre del Padre y del Hijo
y del Espíritu Santo. Amén.

SEMANA 1 MARTES

TÚ ERES EL CAMINO

+ En el nombre del Padre y del Hijo
y del Espíritu Santo. Amén.

Que tu mano me otorgue este día

Dios, que tu mano
me otorgue este día,
y lo que pueda traer:
tú eres el camino, la verdad y la vida.

Tú eres el camino:
quiero seguirlo.
Tú eres la verdad:
quiero verla.
Tú eres la vida:
aunque me envuelvan
el sufrimiento y la frialdad,
la felicidad y el ardor,
todo está bien tal como viene.
¡Concédeme ser bendecido!
Comienzo en tu nombre.
Amén.

Antigua oración del peregrino

Yo soy el camino

Tomás le dijo: «Señor, no sabemos adónde vas. ¿Cómo vamos a conocer el camino?». Jesús le respondió: «Yo soy el Camino, la Verdad y la Vida. Nadie va al Padre, sino por mí».
JUAN 14,5-6

Silencio

Mi petición para este día ...

Padre nuestro, que estás en el cielo...

Apoyado en ti, me aventuro

> En esto residen la nobleza y la belleza de la fe: que tenemos el corazón para atrevernos a algo.
> SAN JOHN HENRY NEWMAN

Padre en el cielo,
sé tú mi salvación,
permite que deje atrás mi miseria y,
apoyado en ti,
me aventure
en los desconocidos mares
de la libertad.
Amén.
TEILHARD DE CHARDIN

Bendíceme, Señor, protégeme de todo mal
y guíame a la vida eterna.
+ En el nombre del Padre y del Hijo
y del Espíritu Santo. Amén.

+ En el nombre del Padre y del Hijo
y del Espíritu Santo. Amén.

*Miro hacia atrás y repaso este día en silencio. Recuerdo con
quiénes me encontré a lo largo del día, aquello que pensé,
y lo que dije e hice.*

Padre bueno, te doy gracias por este día y por todo lo
bueno que he experimentado hoy. Perdóname por cada
vez que he pecado contra ti, contra los demás o contra
mí mismo, y deja que mi corazón halle el sosiego en ti.
Amén.

Invocación a la divina luz

¡Guíame tú, suave luz!
Cuando la oscuridad me rodea, guíame tú.
Oscura es la noche, y estoy lejos de casa.
Guíame tú y protege mi paso.
No quiero ver lo que aún está lejos.
Me basta con el próximo paso.
No siempre he podido rezar así: ¡guíame!
Pensaba que conocía mi camino solo.
Amaba el día engañoso, vanidoso,
en mi corazón reinaba el Rey Orgullo.
Oh Señor, olvídalo.
Pero ahora, guíame por tu camino.
Siempre estuviste conmigo con tu bendición.
Y creo que seguirás guiándome
—a través del barro y del pantano,
sobre rocas y por aguas turbulentas—,
hasta que mi oscuridad termine
y en la mañana me reciba
la sonrisa de tus ángeles,
que tanto amo y que había perdido entre tanto.
Amén.

Lead, Kindly Light de SAN JOHN HENRY NEWMAN

Yo soy la luz
del mundo.
El que me sigue no
andará en tinieblas,
sino que tendrá la
luz de la Vida.

JUAN 8,12

Tú me muestras el camino de la vida

Protégeme, Dios mío, porque me refugio en ti.
Yo digo al Señor: «Señor, tú eres mi bien,
no hay nada superior a ti».
Ellos, en cambio, dicen a los dioses de la tierra:
«Mis príncipes, ustedes son toda mi alegría».
Multiplican sus ídolos y corren tras ellos,
pero yo no les ofreceré libaciones de sangre,
ni mis labios pronunciarán sus nombres. [...]
Por eso mi corazón se alegra,
se regocijan mis entrañas
y todo mi ser descansa seguro:
porque no me entregarás a la Muerte
ni dejarás que tu amigo vea el sepulcro.
Me harás conocer el camino de la vida,
saciándome de gozo en tu presencia,
de felicidad eterna a tu derecha.
Gloria al Padre, y al Hijo, y al Espíritu Santo.
Como era en el principio, ahora y siempre,
por los siglos de los siglos. Amén.

SALMO 16

Estoy buscando

Padre,
estoy buscando,
no hago afirmaciones.
Pero tú, mi Dios,
vigila mis pasos
y señálame el camino.
Amén.

SAN AGUSTÍN

El Señor todopoderoso nos conceda
una noche tranquila y una muerte santa.
+ En el nombre del Padre y del Hijo
y del Espíritu Santo. Amén.

CAMINAR EN TU NOMBRE

+ En el nombre del Padre y del Hijo
y del Espíritu Santo. Amén.

> 99 Cada vez que comiences a hacer algo bueno, ruega fervientemente para que Él lo lleve a término.
>
> SAN BENITO DE NURSIA

Yo te adoro

Oh mi Dios, yo te adoro:
a ti, sabiduría que me ha concebido,
a ti, voluntad que me ha deseado,
a ti, poder que me ha creado,
a ti, gracia que me ha elevado,
a ti, voz que me llama,
a ti, palabra que me habla,
a ti, bondad que me enriquece,
a ti, providencia que me guía,
a ti, misericordia que me perdona,
a ti, amor que me envuelve,
a ti, espíritu que me vivifica,
a ti, paz que me llena,
a ti, santidad que me transforma
para que nunca descanse hasta contemplarte:
oh mi Dios, a ti yo te adoro. Amén.

ALABANZA A DIOS

Yo los envío

Proclamen que el Reino de los Cielos está cerca. Curen a los enfermos, resuciten a los muertos, purifiquen a los leprosos, expulsen a los demonios. Ustedes han recibido gratuitamente, den también gratuitamente. Yo los envío como a ovejas en medio de lobos: sean entonces astutos como serpientes y sencillos como palomas.

MATEO 10,7-8.16

Silencio

Mi petición para este día...

Padre nuestro, que estás en el cielo...

Haznos dignos de servir

Haznos dignos, Señor, de servir
a nuestros semejantes de todo el mundo,
que viven y mueren en pobreza y hambre.
Dales hoy su pan diario a través de nuestras manos,
y a través de nuestro amor comprensivo, paz y alegría.
Señor, concede que busque más
consolar que ser consolado;
entender, más que ser entendido;
amar, más que ser amado;
porque olvidándose de sí mismo se encuentra;
perdonando se obtiene perdón;
y muriendo se despierta a la vida eterna.
Amén.

Una adaptación de la conocida «Oración de la Paz» atribuida a san Francisco de Asís
y usada por las Hermanas de la Caridad (orden fundada por la Madre Teresa).

Bendíceme, Señor,
protégeme de todo mal
y guíame a la vida eterna.
+ En el nombre del Padre y del Hijo
y del Espíritu Santo. Amén.

+ En el nombre del Padre y del Hijo
y del Espíritu Santo. Amén.

Miro hacia atrás y repaso este día en silencio. Recuerdo con quiénes me encontré a lo largo del día, aquello que pensé, y lo que dije e hice.

Padre bueno, te doy gracias por este día y por todo lo bueno que he experimentado hoy. Perdóname por cada vez que he pecado contra ti, contra los demás o contra mí mismo, y deja que mi corazón halle el sosiego en ti. Amén.

Cuida de nosotros

Señor, cuida de nosotros,
pues el mar es muy grande,
y nuestro barco muy pequeño.
Amén.

Oración de pescadores bretones

Palabra para la noche

Tu palabra es una lámpara para mis pasos,
una luz en mi camino.

SALMO 119,105

Protege a los que velan

Vela, Señor,
con aquellos que velan
o lloran esta noche.
Cuida a tus enfermos.
Deja que tus cansados descansen.
Bendice a tus moribundos.
Consuela a tu gente que sufre.
Ten piedad de tus afligidos,
y permanece con tu gente alegre
y con todos nosotros
por amor a tu infinita bondad.
Amén.

SAN AGUSTÍN

El Señor todopoderoso nos conceda
una noche tranquila y una muerte santa.
+ En el nombre del Padre y del Hijo
y del Espíritu Santo. Amén.

SEMANA
1
JUEVES

TÚ NOS LLAMAS AMIGOS

> Después de haber reflexionado y profundizado sobre lo que significan, haz el esfuerzo de memorizar algunas oraciones. Así estarás más capacitado para concentrar la atención de tu mente en Dios en cualquier circunstancia.
> Verás por ti mismo lo beneficioso que es: memorizar oraciones asegura que dichas oraciones te acompañen en todo momento y en cualquier circunstancia, y eso es muy importante.
> TEÓFANES EL EREMITA

+ En el nombre del Padre y del Hijo
y del Espíritu Santo. Amén.

Buenos días, Señor, a ti el primero

Buenos días, Señor, a ti el primero
encuentra la mirada
del corazón, apenas nace el día:
tú eres la luz y el sol de mi jornada.

Buenos días, Señor, contigo quiero
andar por la vereda:
tú, mi camino, mi verdad, mi vida;
tú, la esperanza firme que me queda.

Buenos días, Señor, a ti te busco,
levanto a ti las manos
y el corazón, al despertar la aurora:
quiero encontrarte siempre en mis hermanos.

Buenos días, Señor resucitado,
que traes la alegría
al corazón que va por tus caminos
¡vencedor de tu muerte y de la mía!

De la Liturgia de las Horas

Yo te he elegido

Ya no los llamo servidores, porque el servidor ignora
lo que hace su señor; yo los llamo amigos, porque les
he dado a conocer todo lo que oí de mi Padre. No son
ustedes los que me eligieron a mí, sino yo el que los elegí
a ustedes, y los destiné para que vayan y den fruto, y ese
fruto sea duradero. Así todo lo que pidan al Padre en mi
Nombre, él se lo concederá. Lo que yo les mando es que
se amen los unos a los otros.

JUAN 15,15-17

Silencio

Mi petición para este día...

Padre nuestro, que estás en el cielo...

> Tener como amigo a alguien que hace que todo sea agradable nos
hace conscientes de nuestra propia falta de amigabilidad, tanto dentro
de nosotros como en nuestro entorno. Reflexionamos sobre el amigo
al que podemos pedir lo que nosotros mismos no poseemos, pero que
necesitamos para que su amistad ilumine constantemente nuestra vida.
Así es como nos acercamos a Dios: pidiendo, buscando y llamando.

HEINRICH SPAEMANN

Guía en paz mi barca

 No oramos «solo por hoy» porque el futuro nos sea indiferente. Pero vivimos aquí y ahora. No necesitamos huir al ayer o al mañana. «No se inquieten por el día de mañana; el mañana se inquietará por sí mismo. A cada día le basta su aflicción» (Mateo 6,34).

Mi vida es un instante, una efímera hora,
momento que se evade y que huye veloz.
Para amarte, Dios mío, en esta pobre tierra
no tengo más que un día:
¡solo el día de hoy!

¡Oh Jesús, yo te amo! A ti tiende mi alma.
Sé por un solo día mi dulce protección,
ven y reina en mi pecho,
ábreme tu sonrisa
¡nada más que por hoy!

¿Qué me importa que en sombras esté envuelto el futuro?
Nada puedo pedirte, Señor, para mañana.
Conserva mi alma pura,
cúbreme con tu sombra
¡nada más que por hoy!

¡Oh Piloto divino, cuya mano me guía!,
en la ribera eterna pronto te veré yo.
Por el mar borrascoso
guía en paz mi barca
¡nada más que por hoy!
Amén.

SANTA TERESA DE LISIEUX

Bendíceme, Señor, protégeme de todo mal
y guíame a la vida eterna.
+ En el nombre del Padre y del Hijo
y del Espíritu Santo. Amén.

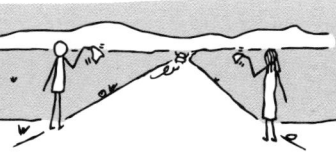

+ En el nombre del Padre y del Hijo
y del Espíritu Santo. Amén.

*Miro hacia atrás y repaso este día en silencio. Recuerdo con
quiénes me encontré a lo largo del día, aquello que pensé,
y lo que dije e hice.*

Padre bueno, te doy gracias por este día y por todo lo
bueno que he experimentado hoy. Perdóname por cada
vez que he pecado contra ti, contra los demás o contra
mí mismo, y deja que mi corazón halle el sosiego en ti.
Amén.

> No es otra
> cosa oración mental,
> a mi parecer, sino
> tratar de amistad,
> estando muchas
> veces tratando a
> solas con quien
> sabemos nos ama.
> SANTA TERESA
> DE ÁVILA

Sé tú mi roca

Señor Jesús, tú que te hiciste hombre,
sé tú mi roca;
cuando todo fluye y tanto pasa,
sé tú la roca en la que pueda estar firme.

Cuando todo tiembla
y el mundo se vuelve un lugar inseguro,
sé tú el fundamento
que inquebrantablemente me sostiene.

Cuando hay conflicto a mi alrededor
y hasta los más cercanos se alejan,
sé tú la paz que habita en mi corazón.

Cuando no me creo ni a mí mismo
ni a nadie que me diga cosas buenas,
sé tú la palabra del Padre en la que puedo confiar.

Cuando todos se van
y falta el valor para ser fieles,
sé tú mi amigo que permanece hasta el final.
Amén.
GEORG LENGERKE

Solo tú, Señor, aseguras mi descanso

Respóndeme cuando te invoco, Dios, mi defensor,
tú, que en la angustia me diste un desahogo:
ten piedad de mí y escucha mi oración. [...]
Hay muchos que preguntan:
«¿Quién nos mostrará la felicidad,
si la luz de tu rostro, Señor,
se ha alejado de nosotros?».
Pero tú has puesto en mi corazón más alegría
que cuando abundan el trigo y el vino.
Me acuesto en paz y enseguida me duermo,
porque solo tú, Señor, aseguras mi descanso.
Amén.

De SALMO 4

Antes de que te busquemos

Dios,
antes de que te busquemos,
ya estás con nosotros.
Antes de que conozcamos tu nombre,
ya eres nuestro Dios.
Abre nuestro corazón al misterio
en el que estamos incluidos:
tú nos has amado primero,
y podemos ser felices contigo.
No porque seamos buenos
podemos acercarnos a ti,
sino porque tú eres Dios.
Amén.

El Señor todopoderoso nos conceda
una noche tranquila y una muerte santa.
+ En el nombre del Padre y del Hijo
y del Espíritu Santo. Amén.

TÚ ESCUCHAS MI LLAMADO

+ En el nombre del Padre y del Hijo
y del Espíritu Santo.

No existo sin ti

Dios, susurro tu nombre en la penumbra,
en el oscuro rincón de mis temores,
en la sombra densa de mis culpas,
en el desasosiego de mis interrogantes y dudas.
Dios, en ese nombre deposito mi fe entera,
mi esperanza de seguridad, mi anhelo de ti,
mi deseo ferviente de ser acogido.
Dios, tu nombre resuena en mí como un eco familiar,
responde a mi soledad contigo,
responde a mi extravío contigo,
responde a este yo pequeño y desvalido.
Pues al indagar sobre mí,
me topo contigo,
al extraviarme,
tú me haces falta.
No existo sin ti.
Amén.

ALFONS HÖFER

> Si finalmente tuviera que decirles qué es lo más importante para nosotros, que queremos vivir en la ciudad y que creemos en un cristianismo que realmente influya en la vida moderna, entonces diría que nuestra actitud fundamental debe ser la superación del miedo. Entonces, ¿por qué no rezo? Porque tengo miedo de perder tiempo; porque tengo miedo de la sequía espiritual.
>
> CARLO CARRETTO

El Espíritu intercede por nosotros

Igualmente, el mismo Espíritu viene en ayuda de nuestra debilidad porque no sabemos orar como es debido; pero el Espíritu intercede por nosotros con gemidos inefables. Y el que sondea los corazones conoce el deseo del Espíritu y sabe que su intercesión en favor de los santos está de acuerdo con la voluntad divina. Sabemos, además, que Dios dispone todas las cosas para el bien de los que lo aman, de aquellos que él llamó según su designio.

ROMANOS 8,26-28A

Silencio

Mi petición para este día...

Padre nuestro, que estás en el cielo...

¡Señor, auméntanos la fe! —pedían los apóstoles después de una palabra de Jesús sobre el perdón.

LUCAS 17,5

Como tú quieras

Señor, como tú quieras, así me acontecerá,
y como tú quieras, así caminaré,
¡ayúdame a entender tu voluntad!

Señor, cuando tú quieras, entonces es el momento,
y cuando tú quieras, estoy listo,
hoy y para toda la eternidad.

Señor, lo que tú quieras lo aceptaré,
y lo que tú quieras es para mí ganancia;
me basta con ser tuyo.

Señor, porque tú lo quieres, por eso es bueno,
y porque tú lo quieres, por eso tengo valor.
Mi corazón descansa en tus manos. Amén.

RUPERT MAYER

Bendíceme, Señor,
protégeme de todo mal y guíame a la vida eterna.
+ En el nombre del Padre y del Hijo
y del Espíritu Santo. Amén.

+ En el nombre del Padre y del Hijo
y del Espíritu Santo. Amén.

*Miro hacia atrás y repaso este día en silencio. Recuerdo con
quiénes me encontré a lo largo del día, aquello que pensé, y
lo que dije e hice.*

Padre bueno, te doy gracias por este día y por todo lo bueno que he experimentado hoy. Perdóname por cada vez que he pecado contra ti, contra los demás o contra mí mismo, y deja que mi corazón halle el sosiego en ti. Amén.

Tú no te ausentas

> El deseo mismo de orar es una oración.
> GEORGES BERNANOS

¡Señor, Dios mío!, no eres tú extraño a quien no se extraña contigo. ¿Cómo dicen que te ausentas tú?
SAN JUAN DE LA CRUZ

Tú estás conmigo

> Aplaco y modero mis deseos: como un niño tranquilo en brazos de su madre, así está mi alma dentro de mí.
> SALMO 131,2

El Señor es mi pastor, nada me puede faltar.
Él me hace descansar en verdes praderas,
me conduce a las aguas tranquilas
y repara mis fuerzas;
me guía por el recto sendero,
por amor de su Nombre.
Aunque cruce por oscuras quebradas,
no temeré ningún mal,
porque tú estás conmigo:
tu vara y tu bastón me infunden confianza.
Tú preparas ante mí una mesa, frente a mis enemigos;
unges con óleo mi cabeza y mi copa rebosa.

Tu bondad y tu gracia me acompañan
a lo largo de mi vida;
y habitaré en la Casa del Señor,
por muy largo tiempo. Amén.
SALMO 23

Tú has llevado este día a su fin

Señor, mi Dios, te doy gracias por haber llevado
este día a su fin.
Te doy gracias por permitir que mi cuerpo
y mi alma descansen.
Tu mano estuvo sobre mí y me ha protegido.
Perdona toda mi falta de fe
y las injusticias que haya podido cometer.
Ayúdame a perdonar a quienes me han hecho mal.
Concédeme dormir en paz bajo tu protección
y guárdame de las tentaciones de la oscuridad.
Te encomiendo a mis seres queridos, te encomiendo
esta casa, te encomiendo mi cuerpo y mi alma.
Dios mío, alabado sea tu santo nombre. Amén.
DIETRICH BONHOEFFER

El Señor todopoderoso nos conceda
una noche tranquila y una muerte santa.
+ En el nombre del Padre y del Hijo
y del Espíritu Santo. Amén.

TÚ SABES LO QUE ME DEFINE

+ En el nombre del Padre y del Hijo
y del Espíritu Santo. Amén.

Hago volar mi alegría

Señor, hago volar mi alegría como pájaros al cielo.
La noche ha dado paso al día
y me deleito en la luz.

Señor, esta mañana me embriaga la felicidad.
Los pájaros y los ángeles cantan,
y yo también me siento exultante.
El universo y nuestros corazones
están abiertos a tu gracia.
Siento mi cuerpo y te doy gracias.

Señor, me regocijo con la creación,
y con que tú estés detrás y delante,
y encima, y a nuestro lado... y dentro de nosotros.
Los Salmos cantan tu amor,
los profetas lo proclaman,
y nosotros lo experimentamos.

Hago volar mi alegría como pájaros al cielo.
Un nuevo día que brilla,
chispea y exulta de tu amor.
Cada día lo haces tú,
cuentas cada día los rizos
de mi cabello.
Aleluya, Señor. Amén.
ORACIÓN AFRICANA

> Vuelvo a los pensamientos distraídos que me daban tanta pena. A los que comienzan a ser amigos de oración, es muy bueno que tengan un libro que, si se les distrae, con leer poco en él, vuelvan en sí. A mí me aprovechaba mucho mirar campos, agua, flores; en estas cosas hallaba yo memoria de Dios y hervor, y en todo eran libro para mí; algunas veces, en comenzando a mirar estas cosas, y otras veces, en leyéndolas, se me despertaba el alma, y aprovechábanme mejor que muchas lecturas.
>
> SANTA TERESA DE ÁVILA

¡No te avergüences!

Por eso te recomiendo que reavives el don de Dios que has recibido por la imposición de mis manos. Porque el Espíritu que Dios nos ha dado no es un espíritu de temor, sino de fortaleza, de amor y de templanza. No te avergüences del testimonio de nuestro Señor.

2 TIMOTEO 1,6-8A

Silencio

Mi petición para este día...

Padre nuestro, que estás en el cielo...

Dame un corazón vigilante

Dame, oh Señor, un corazón vigilante
que no se aleje de ti por ninguna fantasía;
un corazón noble
que no se haga pequeño por una indigna desmesura;
un corazón recto y justo
que no sea seducido por la vileza;
un corazón fuerte
que no se marchite ante la tristeza;
un corazón libre
que no sea dominado por ningún mal.

Concédenos, oh Dios,
entendimiento que te reconozca,
celo que te busque,
sabiduría que te encuentre,
un modo de vivir que te agrade,
paciencia que te espere con fe,
confianza que al final te abrace. Amén.

Inspirado en SANTO TOMÁS DE AQUINO

Bendíceme, Señor, protégeme de todo mal
y guíame a la vida eterna.
+ En el nombre del Padre y del Hijo
y del Espíritu Santo. Amén.

+ En el nombre del Padre y del Hijo
y del Espíritu Santo. Amén.

*Miro hacia atrás y repaso este día en silencio. Recuerdo con
quiénes me encontré a lo largo del día, aquello que pensé,
y lo que dije e hice.*

¡Sálvanos,
Señor, que
nos hundimos!

Los discípulos,
en la tempestad.
MATEO 8,25

Padre bueno, te doy gracias por este día y por todo lo
bueno que he experimentado hoy. Perdóname por cada
vez que he pecado contra ti, contra los demás o contra
mí mismo, y deja que mi corazón halle el sosiego en ti.
Amén.

Tú sabes lo que es mejor para mí

Oh Dios mío, tú eres el único que lo sabe todo.
Creo firmemente que sabes lo que es mejor para mí.
Creo que me amas más de lo que yo me amo a mí mismo,
lo sabes todo en tu divina Providencia,
eres todopoderoso en tu protección.
Desde el fondo de mi alma te agradezco
por haberme liberado de mi propia protección,
por haberme ordenado confiarme a tus manos.
No deseo más que ser carga tuya, no mía;
ser llevado por ti, no por mis pasos errantes.

Oh Dios mío, por tu infinita gracia,
seguiré tu camino adondequiera que me lleve,
sin anticiparme, sin apresurar el paso.
Te esperaré, aguardaré tu señal, tu guía.
Y, cuando me la ofrezcas, te seguiré humildemente,
sin el peso del miedo.
Y prometo no impacientarme
si me envuelves en sombras o desasosiego,
no lamentarme ni enfurecerme
si caigo en la desdicha o el temor. Amén.

SAN JOHN HENRY NEWMAN

> La rodilla doblada y las manos extendidas vacías son los dos gestos fundamentales del hombre libre.
>
> ALFRED DELP

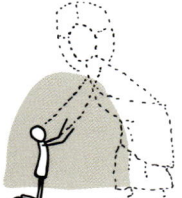

Tú, Señor, eres Excelso para siempre

Es bueno dar gracias al Señor,
y cantar, Dios Altísimo, a tu Nombre;
proclamar tu amor de madrugada,
y tu fidelidad en las vigilias de la noche,
con el arpa de diez cuerdas y la lira,
con música de cítara.
Tú me alegras, Señor, con tus acciones,
cantaré jubiloso por la obra de tus manos.
¡Qué grandes son tus obras, Señor,
qué profundos tus designios!
El hombre insensato no conoce
y el necio no entiende estas cosas. [...]
Tú, en cambio, eres Excelso para siempre. [...]
Gloria al Padre, y al Hijo, y al Espíritu Santo.
Como era en el principio, ahora y siempre,
por los siglos de los siglos.
Amén.

SALMO 92

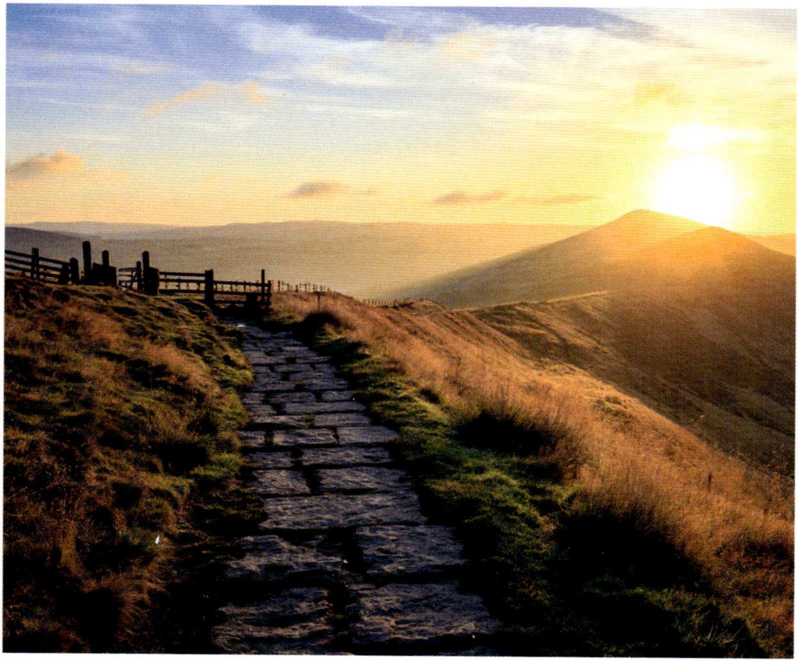

Buscarte es amarte, oh Señor

Oh mi Dios,
alejarme de ti es caer,
regresar a ti es ascender,
permanecer en ti es construir sobre terreno firme.

Alejarme de ti es morir,
volver a ti es resucitar,
habitar en ti es vivir.

Nadie te pierde sin ser engañado,
nadie te busca sin ser llamado,
nadie te encuentra sin ser purificado.

Dejarte es perderse,
buscarte es amarte,
verte es poseerte.

La fe nos impulsa hacia ti,
la esperanza nos conduce a ti,
el amor nos une a ti.

Amén.
SAN AGUSTÍN

El Señor todopoderoso nos conceda
una noche tranquila y una muerte santa.
+ En el nombre del Padre y del Hijo
y del Espíritu Santo. Amén.

Segunda semana: El camino de Dios conmigo

DIOS SE LEVANTA: RESURRECCIÓN

+ En el nombre del Padre y del Hijo
y del Espíritu Santo. Amén.

Te alabo, Señor

Te alabo, Señor,
salvado por tu misericordia.
Te alabo, Señor,
honrado por tu humildad.
Te alabo, Señor,
guiado por tu dulzura.
Te alabo, Señor,
gobernado por tu sabiduría.
Te alabo, Señor,
protegido por tu poder.
Te alabo, Señor,
santificado por tu gracia.
Te alabo, Señor,
iluminado por tu luz interior.
Te alabo, Señor,
enaltecido por tu bondad.
Amén.

MATILDE DE MAGDEBURGO

Cuando santa Matilde habla del «poder» de Dios que la «protege», se refiere al poder de Dios, que es más fuerte que cualquier otro poder o fuerza que uno pueda imaginar. Dios no es un poder entre otros. Él es el origen de todo, el que da fuerza y poder a todo. Solo este pensamiento es poderoso.

He visto al Señor

María se había quedado fuera, llorando junto al sepulcro. Mientras lloraba, se asomó al sepulcro. Se dio la vuelta y vio a Jesús, que estaba allí, pero no lo reconoció. Jesús le preguntó: «Mujer, ¿por qué lloras? ¿A quién buscas?». Ella, pensando que era el cuidador de la huerta, le respondió: «Señor, si tú lo has llevado, dime dónde lo has puesto y yo iré a buscarlo». Jesús le dijo: «¡María!». Ella lo reconoció y le dijo en hebreo: «¡Raboní!», es decir, «¡Maestro!». Jesús le dijo: «No me retengas, porque todavía no he subido al Padre. Ve a decir a mis hermanos: "Subo a mi Padre, el Padre de ustedes; a mi Dios, el Dios de ustedes"». María Magdalena fue a anunciar a los discípulos que había visto al Señor y que él le había dicho esas palabras.

JUAN 20,11A.14B-18

Silencio

Mi petición para este día...

Padre nuestro, que estás en el cielo...

Resucita en mí

Tú, Resucitado,
descendiste a la muerte
y a todos aquellos que ella ha sepultado.

Desciende también en mí,
hasta todo lo que en mí está muerto,
y a todo lo que aguarda tu vida y tu luz.

Verdaderamente has resucitado del sepulcro
y guías a los muertos hacia la vida,
a los ensombrecidos hacia la luz,
y a los pecadores hacia la reconciliación con el Padre.

Resucita también en mí, desde mis sepulcros,
y eleva lo que en mí ha muerto hacia la vida,
mi fealdad hacia la mirada amorosa
y mi culpa hacia los brazos esperanzados del Padre.

GEORG LENGERKE

Bendíceme, Señor, protégeme de todo mal
y guíame a la vida eterna.
+ En el nombre del Padre y del Hijo
y del Espíritu Santo. Amén.

+ En el nombre del Padre y del Hijo
y del Espíritu Santo. Amén.

En silencio miro hacia atrás en este día. Recuerdo a quién he encontrado a lo largo del día, lo que he pensado, dicho y hecho.

Buen Padre, te agradezco por este día y todo lo bueno que he experimentado. Perdóname donde he pecado contra ti, contra las personas o contra mí mismo, y deja que mi corazón halle el sosiego en ti. Amén.

Ya no hay noche, tú eres luz

Ya no temo, Señor, la tristeza,
ya no temo, Señor, la soledad;
porque eres, Señor, mi alegría,
tengo siempre tu amistad.
Ya no temo, Señor, a la noche,
ya no temo, Señor, la oscuridad;
porque brilla tu luz en las sombras
ya no hay noche, tú eres luz.
Ya no temo, Señor, los fracasos,
ya no temo, Señor, la ingratitud;
porque el triunfo, Señor, en la vida
tú lo tienes, tú lo das.
Ya no temo, Señor, los abismos,
ya no temo, Señor, la inmensidad;
porque eres, Señor, el camino
y la vida, la verdad.

Oración de las Horas

99 Así, hoy quiero decirles con gran énfasis y convicción, basándome en la experiencia de una larga vida propia, a ustedes, queridos jóvenes: ¡No teman a Cristo! Él no quita nada, y lo da todo. Quien se entrega a Él, recibe todo cien veces más. Sí, «¡abran, sí, abran de par en par las puertas a Cristo!» (Juan Pablo II). Entonces encontrarán la verdadera vida.

BENEDICTO XVI

Tú eres mi refugio

Tú que vives al amparo del Altísimo
y resides a la sombra del Todopoderoso,
di al Señor: «Mi refugio y mi baluarte,
mi Dios, en quien confío».
Él te librará de la red del cazador
y de la peste perniciosa;
te cubrirá con sus plumas,
y hallarás un refugio bajo sus alas.

No temerás los terrores de la noche,
ni la flecha que vuela de día,
ni la peste que acecha en las tinieblas,
ni la plaga que devasta a pleno sol. [...]
Porque hiciste del Señor tu refugio
y pusiste como defensa al Altísimo.
No te alcanzará ningún mal,
ninguna plaga se acercará a tu carpa,
porque él te encomendó a sus ángeles
para que te cuiden en todos tus caminos. [...]
Gloria al Padre, y al Hijo, y al Espíritu Santo.
Como era en el principio, ahora y siempre,
por los siglos de los siglos. Amén.

SALMO 91

Oración de entrega

Toma, Señor, y recibe toda mi libertad,
mi memoria, mi entendimiento
y toda mi voluntad, todo mi haber y mi poseer.
Tú me lo diste, a ti, Señor, lo torno.
Todo es tuyo, dispón de ello según tu voluntad.
Dame tu amor y gracia que esta me basta.

SAN IGNACIO DE LOYOLA

El Señor todopoderoso nos conceda
una noche tranquila y una muerte santa.
+ En el nombre del Padre y del Hijo
y del Espíritu Santo. Amén.

Podemos confiar a Dios todo lo que somos y tenemos. Él no nos envidia nada. Quiere que las cosas nos pertenezcan y no que nosotros pertenezcamos a las cosas. En las manos de Dios, nuestra libertad permanece libre, nuestra memoria despierta, nuestra mente iluminada y nuestra voluntad buena.

CONSTRUIDOS CON PIEDRAS VIVAS: LA IGLESIA

+ En el nombre del Padre y del Hijo
y del Espíritu Santo. Amén.

Dios, tú recorres los caminos de los hombres

Dios misericordioso y Padre, creador del cielo y de la tierra.
Hombre y mujer has creado a tu imagen.
Estás cerca de las personas de todos los pueblos
y todas las épocas.
Te alabamos.

Elegiste a Israel como tu pueblo
y con él estableciste una alianza eterna.
En la plenitud de los tiempos enviaste a Jesús, tu Hijo,
y en él recorriste los caminos de los hombres.
Te damos gracias.

En la fuerza del Espíritu acompañas a tu Iglesia.
La dotas con la diversidad de sus dones.
Ella es la Iglesia de los santos y de los pecadores,
pero tú permaneces fiel en su camino
hacia el tercer milenio.
Confiamos en ti.

Haz que tu reino sea palpable en nuestro tiempo:
a través de la verdad y el amor entre las personas,
a través de la justicia y la paz entre los pueblos.
Te lo pedimos por Jesucristo,
nuestro hermano y Señor. Amén.

SAN JUAN PABLO II

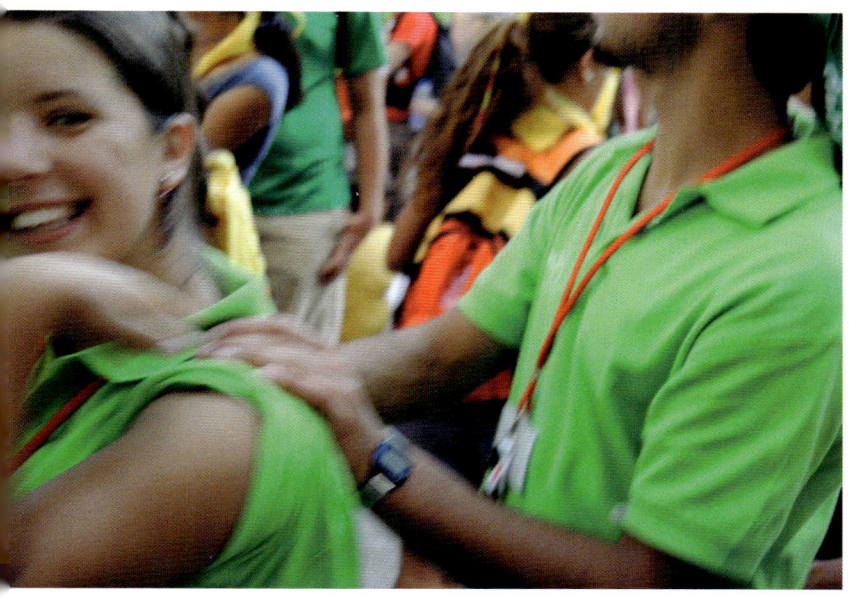

99 ¿No es bueno para nosotros estar aquí, donde todos los miembros sufren con uno que sufre, y si uno es glorificado, todos se alegran con él? Así que, si sufro, no sufro solo, conmigo sufren Cristo y todos los cristianos, como dice el Señor: «Quien les toca, toca la niña de mis ojos». Mi carga, por lo tanto, la llevan otros, su fuerza es la mía. La fe de la Iglesia viene en ayuda de mi angustia, la castidad de otros soporta las tentaciones de mi lujuria, el ayuno de otro resulta en mi ganancia, la oración de otro se esfuerza por mí.

MARTÍN LUTERO

Somos familia de Dios

Por lo tanto, ustedes ya no son extranjeros ni huéspedes, sino conciudadanos de los santos y miembros de la familia de Dios. Ustedes están edificados sobre los apóstoles y los profetas, que son los cimientos, mientras que la piedra angular es el mismo Jesucristo. En él, todo el edificio, bien trabado, va creciendo para constituir un templo santo en el Señor. En él, también ustedes son incorporados al edificio, para llegar a ser una morada de Dios en el Espíritu.

EFESIOS 2,19-22

Silencio

Mi petición para este día...

Padre nuestro, que estás en el cielo...

> 99 Cuanto más se ora por alguien, más bendiciones recibe, pues ninguna oración de fe queda sin respuesta, aunque la manera en que se responde pueda permanecer oculta para las personas.
>
> SANTA GERTRUDIS DE HELFTA

Tú nos das a los demás

Señor, nos das a los demás,
que velan cuando dormimos,
que creen cuando dudamos,
que aún rezan
cuando a nosotros solo nos queda el silencio.

Nos das a los demás,
que caminan con nosotros,
que comparten nuestras esperanzas y temores,
que están cansados pero no desesperan,
y a quienes podemos acudir
con nuestras preocupaciones y necesidades.

Nos das a los demás,
que están contigo frente a nosotros,
que te piden y te cuestionan,
que te agradecen
y están a tu disposición.

Nos das a los demás y nos los confías.
No te amamos sin ellos,
y no somos amados por ti sin ellos.
Haz que nos convirtamos en bendición
los unos para los otros
en el camino hacia ti. Amén.

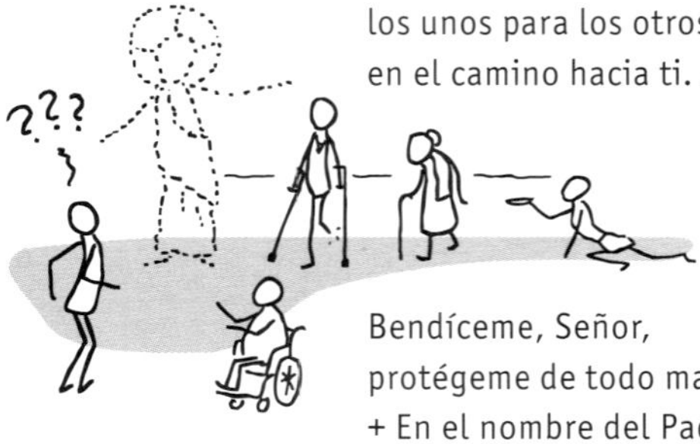

Bendíceme, Señor,
protégeme de todo mal y guíame a la vida eterna.
+ En el nombre del Padre y del Hijo
y del Espíritu Santo. Amén.

+ En el nombre del Padre y del Hijo
y del Espíritu Santo. Amén.

*Miro hacia atrás y repaso este día en silencio. Recuerdo con
quiénes me encontré a lo largo del día, aquello que pensé,
y lo que dije e hice.*

Padre bueno, te doy gracias por este día y por todo lo
bueno que he experimentado hoy. Perdóname por cada
vez que he pecado contra ti, contra los demás o contra
mí mismo, y deja que mi corazón halle el sosiego en ti.
Amén.

Donde dos o tres... allí estás tú

Señor, te pedimos que estés en medio de nosotros
en este lugar de oración,
pero también en casa, en nuestro pueblo.

Señor, tú has dicho:
donde dos o tres estén reunidos en mi nombre,
allí estoy yo en medio de ellos.

Donde dos o tres escuchen tu palabra,
donde dos o tres te sigan,
donde dos o tres –o incluso muchos–
quieran vivir tu mensaje,
allí estás presente.

Señor, confiamos en ti, confiamos en tu palabra.
Escucha nuestra oración,
mantente con nosotros, quédate con nosotros.
¡Danos valor, esperanza y alegría!
Te lo pedimos, Dios, por Jesucristo, tu Hijo, nuestro Señor.
Amén.

DE ZIMBABUE

> **"** A aquellos
> que practican la
> oración interna,
> especialmente a los
> principiantes, les
> aconsejaría buscar
> la amistad y la com-
> pañía de otros que
> también se dedican
> a la meditación.
>
> SANTA TERESA
> DE ÁVILA

Busco tu rostro, Señor

Una sola cosa he pedido al Señor,
y esto es lo que quiero:
vivir en la Casa del Señor
todos los días de mi vida,
para gozar de la dulzura del Señor
y contemplar su Templo. [...]
Mi corazón sabe que dijiste:
«Busquen mi rostro».
Yo busco tu rostro, Señor,
no lo apartes de mí. [...]
Yo creo que contemplaré la bondad del Señor
en la tierra de los vivientes.
Espera en el Señor y sé fuerte;
ten valor y espera en el Señor.
Gloria al Padre, y al Hijo, y al Espíritu Santo.
Como era en el principio, ahora y siempre,
por los siglos de los siglos.
Amén.

SALMO 27

> **"** Si le hacen caso a Cristo, van a sentir una alegría cada vez más profunda de ser parte de su Cuerpo Místico, la Iglesia, la familia de sus discípulos, que está íntimamente unida en la unidad y en el amor. Además, van a aprender a dejarse reconciliar con Dios, como lo dijo el apóstol Pablo.
>
> BENEDICTO XVI

Quédate con nosotros

Quédate con nosotros, la tarde está cayendo.

¿Cómo te encontraremos
al declinar el día,
si tu camino no es nuestro camino?
Detente con nosotros;
la mesa está servida,
caliente el pan y envejecido el vino.

¿Cómo sabremos que eres
un hombre entre los hombres,
si no compartes nuestra mesa humilde?
Repártenos tu cuerpo,
y el gozo irá alejando
la oscuridad que pesa sobre el hombre.

Vimos romper el día
sobre tu hermoso rostro,
y al sol abrirse paso por tu frente.
Que el viento de la noche
no apague el fuego vivo
que nos dejó tu paso en la mañana.

Arroja en nuestras manos,
tendidas en tu busca,
las ascuas encendidas del Espíritu;
y limpia, en lo más hondo
del corazón del hombre,
tu imagen empañada por la culpa.

Liturgia de las Horas

El Señor todopoderoso nos conceda
una noche tranquila y una muerte santa.
+ En el nombre del Padre y del Hijo
y del Espíritu Santo. Amén.

PARA QUE EL MUNDO CREA: UNIDAD

+ En el nombre del Padre y del Hijo
y del Espíritu Santo. Amén.

En el silencio de la mañana que amanece

Señor Jesucristo,
en el silencio de esta mañana que amanece vengo a ti
y te pido con humildad y confianza por tu paz,
tu sabiduría, tu fuerza.
Concede que hoy mire al mundo con ojos llenos de amor.
Permíteme entender que toda la gloria de la Iglesia
proviene de tu Cruz como su fuente.
Haz que reciba a mi prójimo como a la persona
que tú quieres amar a través de mí.
Otórgame la disposición para servirle con dedicación
y desarrollar todo lo bueno que has puesto en él.
Que mis palabras irradien mansedumbre,
y que todo mi comportamiento fomente la paz.
Que solo los pensamientos que difunden bendición
permanezcan en mi mente.
Cierra mis oídos ante cualquier palabra malintencionada
y crítica dañina.
Que mi lengua sirva solo para resaltar lo bueno.
Sobre todo, haz, Señor, que esté tan lleno de alegría
y benevolencia que todos los que me encuentren
puedan sentir tanto tu presencia como tu amor.
Revísteme con el resplandor de tu bondad y tu belleza,
para que revele tu presencia a lo largo de este día.
Amén.

SANTA MARIAM BAOUARDY

Que sean uno

Que todos sean uno: como tú, Padre, estás en mí y yo en ti, que también ellos estén en nosotros, para que el mundo crea que tú me enviaste.

Yo les he dado la gloria que tú me diste, para que sean uno, como nosotros somos uno —yo en ellos y tú en mí— para que sean perfectamente uno y el mundo conozca que tú me has enviado, y que los has amado a ellos como me amaste a mí.

JUAN 17,21-23

Silencio

Mi petición para este día...

Padre nuestro, que estás en el cielo...

Espíritu Santo, acompáñanos

Espíritu Santo, acompáñanos,
y derrama tu gracia en nuestros corazones.
Enséñanos qué debemos hacer,
muéstranos qué debemos pensar,
muéstranos qué debemos realizar.
Tú, que amas la verdad sobre todas las cosas,
no permitas que confundamos lo que tú has ordenado.
Que la ignorancia no nos desvíe,
que el aplauso no nos seduzca,
que la corrupción y las consideraciones erróneas
no nos corrompan.
Permite que estemos en ti y no nos desviemos
de la verdad. Amén.

Oración de los Padres del Concilio Vaticano II, 1962

Bendíceme, Señor,
protégeme de todo mal
y guíame a la vida eterna.
+ En el nombre del Padre y del Hijo
y del Espíritu Santo. Amén.

+ En el nombre del Padre y del Hijo
y del Espíritu Santo. Amén.

Miro hacia atrás y repaso este día en silencio. Recuerdo con quiénes me encontré a lo largo del día, aquello que pensé, y lo que dije e hice.

Padre bueno, te doy gracias por este día y por todo lo bueno que he experimentado hoy. Perdóname por cada vez que he pecado contra ti, contra los demás o contra mí mismo, y deja que mi corazón halle el sosiego en ti. Amén.

> Por eso les invito a buscar al Señor todos los días, porque él solo quiere que sean realmente felices. Mantengan una relación fuerte y duradera con él por medio de la oración, y traten de encontrar momentos en su día a día para estar solo en su compañía.
>
> BENEDICTO XVI

Porque anochece ya

Porque anochece ya,
porque es tarde, Dios mío,
porque temo perder
las huellas del camino,
no me dejes tan solo
y quédate conmigo.

Porque he sido rebelde
y he buscado el peligro
y escudriñé curioso
las cumbres y el abismo,
perdóname, Señor,
y quédate conmigo.

Porque ardo en sed de ti
y en hambre de tu trigo,
ven, siéntate a mi mesa,
bendice el pan y el vino.
¡Qué aprisa cae la tarde!
¡Quédate al fin conmigo! Amén.

De la Liturgia de las Horas

En el Antiguo Testamento, el águila se considera símbolo de resistencia y de fuerza. Los primeros cristianos veían en el águila una imagen del Señor resucitado y también del cristiano, a quien Dios le otorga nueva vida tras la muerte.

Nunca olvides

Bendice al Señor, alma mía,
que todo mi ser bendiga a su santo Nombre;
bendice al Señor, alma mía,
y nunca olvides sus beneficios.

Él perdona todas tus culpas
y cura todas tus dolencias;
rescata tu vida del sepulcro,
te corona de amor y de ternura;
él colma tu vida de bienes,
y tu juventud se renueva como el águila.
El Señor hace obras de justicia
y otorga el derecho a los oprimidos. [...]
El Señor es bondadoso y compasivo,
lento para enojarse y de gran misericordia. [...]
Gloria al Padre, y al Hijo, y al Espíritu Santo.
Como era en el principio, ahora y siempre,
por los siglos de los siglos.
Amén.

SALMO 103

Estabas cerca de mí, cuando yo estaba lejos de ti

Estabas cerca de mí, cuando yo estaba lejos de ti.
Jesucristo, amor de los amores,
siempre estuviste conmigo, y yo no lo sabía.
Estabas allí, y te olvidé.
Estabas profundamente en mi corazón,
y te buscaba en otro lugar.
Incluso cuando estaba lejos de ti, me esperabas.
Llegará el día en que podré decirte:
Resucitado, tú eres mi vida.
Pertenezco a Cristo, soy de Cristo. Amén.

HERMANO ROGER SCHÜTZ, COMUNIDAD DE TAIZÉ

El Señor todopoderoso nos conceda
una noche tranquila y una muerte santa.
+ En el nombre del Padre y del Hijo
y del Espíritu Santo. Amén.

TÚ NOS QUITAS EL CORAZÓN DE PIEDRA: CONVERSIÓN

+ En el nombre del Padre y del Hijo
y del Espíritu Santo. Amén.

Ayúdame a orar en la madrugada

Dios, te llamo en la madrugada,
ayúdame a orar y a centrar mis pensamientos en ti;
no puedo hacerlo solo.
En mí hay oscuridad, pero contigo hay luz;
estoy solo, pero tú no me dejas;
estoy desanimado, pero contigo encuentro ayuda;
estoy inquieto, pero contigo hay paz;
en mí hay amargura, pero contigo hay paciencia;
no entiendo tus caminos, pero tú conoces el camino para mí.
Amén.

DIETRICH BONHOEFFER

A buscar y a salvar lo que estaba perdido

Al ver esto, todos murmuraban, diciendo: «Se ha ido a alojar en casa de un pecador». Pero Zaqueo dijo resueltamente al Señor: «Señor, ahora mismo voy a dar la mitad de mis bienes a los pobres, y si he perjudicado a alguien, le daré cuatro veces más». Y Jesús le dijo: «Hoy ha llegado la salvación a esta casa, ya que también este hombre es un hijo de Abraham, porque el Hijo del hombre vino a buscar y a salvar lo que estaba perdido».

LUCAS 19,7-10

> 99 Deberíamos siempre ver ambos aspectos: nuestra debilidad y nuestra grandeza. Ser humildes significa afirmar y aceptar ambos: debemos honrarnos a nosotros mismos. Al final, el ser humano será un misterio inefable: completamente divino y completamente humano. Indescriptiblemente bello y grandioso. El ser humano es la alegría de Dios.
>
> ROMANO GUARDINI

> 🙦 Quien busca algo perdido no lo busca solo en un lugar, sino en muchos, aquí y allá, hasta que lo encuentra. Mira, así debe Dios buscarte de múltiples maneras. Permítele encontrarte en todas esas maneras, en todas las circunstancias que te sobrevengan, de dondequiera que provengan, por quien él quiera, en cualquier menosprecio, en cualquier humillación; todo esto como enviado por Dios: de tal manera te busca él.
>
> JOHANNES TAULER

Silencio

Mi petición para este día...

Padre nuestro que estás en el cielo...

Corta mis ataduras

Jesús mío,
quiero servirte y no encuentro el camino.
Quiero hacer el bien y no encuentro el camino.
Quiero encontrarte y no encuentro el camino.
Quiero amarte y no encuentro el camino.
Aún no te conozco, mi Jesús, porque no te busco.

Te busco y no te encuentro.
Ven a mí, mi Jesús.
Nunca podré amarte si no me ayudas, mi Jesús.
Corta mis ataduras, si me quieres tener.
Jesús, sé mi Jesús. Amén.

SAN FELIPE NERI

Bendíceme, Señor,
protégeme de todo mal
y guíame a la vida eterna.
+ En el nombre del Padre y del Hijo
y del Espíritu Santo. Amén.

✛

66

67

SEGUNDA SEMANA – MIÉRCOLES: TÚ NOS QUITAS EL CORAZÓN DE PIEDRA...

+ En el nombre del Padre y del Hijo
y del Espíritu Santo. Amén.

Miro hacia atrás y repaso este día en silencio. Recuerdo con
quiénes me encontré a lo largo del día, aquello que pensé,
y lo que dije e hice.

Padre bueno, te doy gracias por este día y por todo lo
bueno que he experimentado hoy. Perdóname por cada
vez que he pecado contra ti, contra los demás o contra
mí mismo, y deja que mi corazón halle el sosiego en ti.
Amén.

Fuerza para amar

Cristo, divino Señor,
te ama quien solo tiene fuerza para amar:
inconscientemente quien no te conoce,
con anhelo quien sabe de ti.
Cristo, tú eres mi esperanza,
mi paz, mi felicidad, toda mi vida:
Cristo, hacia ti se inclina mi espíritu;
Cristo, te adoro.
Cristo, a ti me aferro
con toda la fuerza de mi alma:
a ti, Señor, amo solo.
Te busco, te sigo.
Amén.

ALFANO DE SALERNO

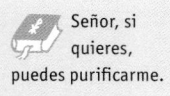

Señor, si quieres, puedes purificarme.

Un leproso, en
MATEO 8,2 y LUCAS 5,12

Volverás a ser mi Dios

Así habla el Señor:
Los rociaré con agua pura, y ustedes quedarán purificados. Los purificaré de todas sus impurezas y de todos sus ídolos. Les daré un corazón nuevo y pondré en ustedes un espíritu nuevo: les arrancaré de su cuerpo el corazón de piedra y les daré un corazón de carne. Infundiré mi espíritu en ustedes y haré que sigan mis preceptos, y que observen y practiquen mis leyes. Ustedes habitarán en la tierra que yo he dado a sus padres. Ustedes serán mi Pueblo y yo seré su Dios.

EZEQUIEL 36,25-28

Sé tú nuestra luz

Señor, Padre bondadoso, sé tú nuestra luz en la oscuridad de la noche. Concede que durmamos en paz, para que al amanecer del nuevo día nos levantemos gozosos en tu nombre. Te lo pedimos por Cristo, nuestro Señor. Amén.

Liturgia de las Horas

El Señor todopoderoso nos conceda
una noche tranquila y una muerte santa.
+ En el nombre del Padre y del Hijo
y del Espíritu Santo. Amén.

PRIMERA PARTE: TE ALABARÉ DÍA TRAS DÍA

68
69

SEGUNDA SEMANA – MIÉRCOLES: TÚ NOS QUITAS EL CORAZÓN DE PIEDRA...

¡ESO ES HOY!: EUCARISTÍA

+ En el nombre del Padre y del Hijo
y del Espíritu Santo. Amén.

Lleva a tu Iglesia a casa

> Yo soy el pan de Vida. Sus padres, en el desierto, comieron el maná y murieron. Pero este es el pan que desciende del cielo, para que aquel que lo coma no muera. Yo soy el pan vivo bajado del cielo. El que coma de este pan vivirá eternamente, y el pan que yo daré es mi carne para la Vida del mundo.
>
> JUAN 6,48-51

Padre, te doy gracias por permitirme conocer a Jesús
y vivir con él.
Y te doy gracias por la Iglesia,
que me anuncia su Evangelio
y a través de la cual él quiere estar a mi lado,
en su palabra y su sacramento,
y en su silenciosa y poderosa presencia en el mundo.
Por la Iglesia desgarrada, te pido
que se reúna alrededor de tu mesa:
pues, como el pan de vida que comemos,
que estuvo disperso en granos por los campos
y ahora se ha unido en uno,
así también se reúna tu Iglesia
desde los confines de la tierra
y permanezca unida en tu reino.
Recuerda, Señor, a tu Iglesia.
Arráncala del poder del mal,
unifícala y perfecciónala en el poder de tu amor.
Tráela desde los cuatro puntos cardinales a casa, a tu reino.
Porque tuyo es el reino, el poder y la gloria
por siempre. Amén.

Oración inspirada en la Doctrina de los Doce Apóstoles

Eso es hoy

El cual, hoy, la noche en que fue entregado, tomó el pan, dio gracias, lo partió y lo dio a sus discípulos, diciendo: Tomen y coman, esto es mi Cuerpo que se entrega por ustedes. De la misma manera, después de cenar, tomó la copa, dio gracias y se la entregó a sus discípulos, diciendo: Tomen y beban todos de ella, porque esta es la copa de mi Sangre, Sangre de la Nueva y Eterna Alianza, que se derrama por muchos para el perdón de los pecados. Hagan esto en memoria mía.

Plegaria eucarística de la Misa del Jueves Santo,
según MATEO 26,26-28 y 1 CORINTIOS 11,23-25

Silencio

Mi petición para este día...

Padre nuestro,
que estás en el cielo...

Crece en mí

Crece, Jesús,
crece en mí.
En mi espíritu,
en mi corazón,
en mi imaginación,
en mis sentidos.

Crece en mí
en tu mansedumbre,
en tu pureza,
en tu humildad,
tu celo, tu amor.

Crece en mí
con tu gracia, tu luz
y tu paz.

Crece en mí
para la glorificación
de tu Padre,
para la mayor gloria de Dios.
Amén.

PIERRE OLIVAINT

> **99** En cada cristiano, Cristo, de alguna manera, vive su vida de nuevo: primero es niño y luego madura hasta alcanzar la plena edad del cristiano adulto. Pero crece en la medida en que la fe crece, el amor se fortalece, el cristiano se hace cada vez más consciente de su cristianismo y vive su existencia cristiana con mayor profundidad y responsabilidad.
>
> ROMANO GUARDINI

Bendíceme, Señor,
protégeme de todo mal y guíame a la vida eterna.
+ En el nombre del Padre y del Hijo
y del Espíritu Santo. Amén.

+ En el nombre del Padre y del Hijo
y del Espíritu Santo. Amén.

Miro hacia atrás y repaso este día en silencio. Recuerdo con quiénes me encontré a lo largo del día, aquello que pensé, y lo que dije e hice.

Padre bueno, te doy gracias por este día y por todo lo bueno que he experimentado hoy. Perdóname por cada vez que he pecado contra ti, contra los demás o contra mí mismo, y deja que mi corazón halle el sosiego en ti. Amén.

Me recibes cuando te recibo

Padre misericordioso, nos has enviado a tu Hijo.
Él nos habla a través de la palabra de las Escrituras.
Se nos da en las formas de pan y vino.
Tú mismo, Dios, vienes a mí.
Vengo como un enfermo al médico de la vida,
como un impuro a la fuente de misericordia,
como un ciego a la luz de la claridad eterna,
como un pobre al Señor del cielo y la tierra.
Concédeme que no solo reciba externamente
el sacramento del Cuerpo y la Sangre de Jesús,
sino que también asimile internamente
su esencia y fuerza,
y así sea incorporado en su cuerpo misterioso.
Querido Padre,
permíteme ver a tu amado Hijo,
a quien ahora recibo veladamente en esta vida,
cara a cara y en toda su plenitud eternamente. Amén.

Inspirada en SANTO TOMÁS DE AQUINO

> 99 Jesús, que murió por los pecados de todos, quiere conectarse con cada uno de ustedes y tocar la puerta de sus corazones para darles su gracia. Encuéntrenlo en la Santa Eucaristía, vayan a la iglesia a adorarlo y arrodíllense ante el tabernáculo: Jesús los llenará completamente con su amor y les revelará los pensamientos de su corazón.
>
> BENEDICTO XVI

Palabra para la noche

¡Gusten y vean qué bueno es el Señor!
¡Felices los que en él se refugian!

SALMO 34,9

Alabanzas de san Francisco de Asís

Eres santo, Señor,
Dios único, que haces milagros.
Eres fuerte, eres grande, eres altísimo,
eres poderoso, padre santo,
rey del cielo y de la tierra.

Eres trino y uno, Señor.
Eres el Bien, todo bien, el bien supremo,
el Señor, el Dios vivo y verdadero.

Eres el Amor.
Eres la Sabiduría.
Eres la Humildad.
Eres la Paciencia.
Eres la Belleza.
Eres la Dulzura.
Eres la Seguridad.
Eres la Calma.
Eres la Alegría y el Gozo.
Eres la Justicia.
Eres la Templanza.
Eres toda nuestra riqueza.
Eres el Protector.
Eres el Guardián y Defensor.
Eres el Refugio.
...

Eres nuestra fe.
Eres nuestra esperanza.
Eres nuestro amor.
Eres nuestra vida eterna:
grande y maravilloso Señor,
Dios todopoderoso,
Salvador misericordioso.
Amén.

El Señor todopoderoso nos conceda
una noche tranquila y una muerte santa.
+ En el nombre del Padre y del Hijo
y del Espíritu Santo. Amén.

Puedes continuar esta letanía también con tus propias invocaciones.

DIOS SE ADENTRA EN EL DOLOR: LA PASIÓN DE CRISTO

+ En el nombre del Padre y del Hijo
y del Espíritu Santo. Amén.

Déjame caminar a ciegas, Señor

> **99** Para mí, la oración es un impulso del corazón, una simple mirada hacia el cielo, un grito de gratitud y amor, tanto en medio de la prueba como en medio de la alegría; en resumen, es algo grande, sobrenatural, que ensancha mi alma y me une con Jesús.
>
> SANTA TERESITA DEL NIÑO JESÚS

Déjame caminar a ciegas, Señor, por tus caminos;
confío plenamente: ¡soy tu hija!

Tú, Padre de la Sabiduría, también eres mi padre.
Aunque me guíes a través de la noche,
me llevas hacia ti.

Señor, que ocurra lo que tú quieras:
¡estoy preparada!

Aunque nunca sacies mi anhelo en esta vida.
Tú eres el Señor del tiempo: el cuándo es tuyo.
Tu eterno ahora algún día será mío.
Haz realidad todo según tus designios.
Cuando en silencio me llames al sacrificio,
¡ayúdame también a acogerlo!

Amén.

SANTA TERESA BENEDICTA DE LA CRUZ (EDITH STEIN)

Era semejante a los hombres

Cristo Jesús, que era de condición divina, no consideró esta igualdad con Dios como algo que debía guardar celosamente: al contrario, se anonadó a sí mismo, tomando la condición de esclavo y haciéndose semejante a los hombres. Y presentándose con aspecto humano, se humilló hasta aceptar por obediencia la muerte y muerte de cruz. Por eso, Dios lo exaltó y le dio el Nombre que está sobre todo nombre, para que al nombre de Jesús, se doble toda rodilla en el cielo, en la tierra y en los abismos, y toda lengua proclame para gloria de Dios Padre: «Jesucristo es el Señor».

FILIPENSES 2,4-11

Silencio

Mi petición para este día...

Padre nuestro, que estás en el cielo...

Señor, ¿qué quieres que haga?

¿A dónde debo ir?
—Guíame allí.
¿Quién es aquel con quien me encuentro?
—Muéstrame a la persona.
¿De qué debo hablar o callar?
—Dime qué es apropiado.
¿Qué quieres hacer, mi Dios?
No permitas que estorbe tu camino.
Amén.

Oración inspirada en un bombero que murió en el World Trade Center
el 11 de septiembre de 2001

Bendíceme, Señor,
protégeme de todo mal
y guíame a la vida eterna.
+ En el nombre del Padre y del Hijo
y del Espíritu Santo. Amén.

+ En el nombre del Padre y del Hijo
y del Espíritu Santo. Amén.

*Miro hacia atrás y repaso este día en silencio. Recuerdo con
quiénes me encontré a lo largo del día, aquello que pensé,
y lo que dije e hice.*

Padre bueno, te doy gracias por este día y por todo lo
bueno que he experimentado hoy. Perdóname por cada
vez que he pecado contra ti, contra los demás o contra
mí mismo, y deja que mi corazón halle el sosiego en ti.
Amén.

Donde tú estás, Cristo habla de Pascua

Salve, Cruz de Cristo,
dondequiera que se encuentre tu huella,
Cristo da testimonio de su misterio pascual:
la transición de la muerte a la vida.
Él da testimonio del amor,
de la fuerza interna de una vida proveniente del amor,
que supera la muerte.

Salve, Cruz de Cristo,
dondequiera que estés erigida,
en los campos de batalla,
en los campos de prisioneros,
en los bordes de las carreteras,
en todos los lugares
donde las personas sufren y luchan con la muerte.
En los lugares donde trabajan,
estudian y son creativos.
En cada lugar,
en el corazón de cada hombre y cada mujer,
de cada chico y cada chica,
y en cada corazón humano.
Salve, Cruz de Cristo. Amén.

SAN JUAN PABLO II

¿Por qué me has abandonado?

Dios mío, Dios mío,
¿por qué me has abandonado?
¿Por qué estás lejos
de mi clamor y mis gemidos?
Te invoco de día, y no respondes,
de noche, y no encuentro descanso;
y sin embargo, tú eres el Santo,
que reinas entre las alabanzas de Israel.
En ti confiaron nuestros padres:
confiaron, y tú los libraste;
clamaron a ti y fueron salvados,
confiaron en ti y no quedaron defraudados. [...]
No te quedes lejos, porque acecha el peligro
y no hay nadie para socorrerme. [...]
Pero tú, Señor, no te quedes lejos;
tú que eres mi fuerza, ven pronto a socorrerme.
Gloria al Padre, y al Hijo, y al Espíritu Santo.
Como era en el principio, ahora y siempre,
por los siglos de los siglos.
Amén.

SALMO 22

99 La oración de Cristo alcanza su cénit en la cruz, cuando pronuncia las últimas palabras que los evangelistas han recogido. Allí, donde llama desesperadamente: «Dios mío, Dios mío, ¿por qué me has abandonado?», Jesús realmente hace suya la súplica de aquel que está rodeado de enemigos y no tiene a nadie más a quien acudir excepto a Dios. [...] Y lleva este grito al corazón de Dios. Así, al orar en esa última soledad junto con toda la humanidad, nos abre el corazón de Dios.

BENEDICTO XVI

Nadie, excepto tú

A veces me gustaría decir:
¡déjenme en paz!
¡Basta ya! ¡Váyanse!
No los necesito,
nadie debe acercarse a mí,
nadie debe darme buenos consejos,
nadie debe decidir por mí,
nadie debe vivir mi vida.
Y, sin embargo, Dios,
anhelo verdadera cercanía,
espero aliento y consejo,
deseo comprensión,
tengo sed de amor verdadero.
Tú lo sabes todo,
nada te es oculto.
A ti quiero abrir todos mis límites,
a ti quiero dejarte entrar en mi vida,
tú debes ser mi Rey.
Te agradezco, Dios,
que siempre tocas a mi puerta
y no me dejas solo conmigo mismo.
Amén.

DÖRTE SCHRÖMGES

El Señor todopoderoso nos conceda
una noche tranquila y una muerte santa.
+ En el nombre del Padre y del Hijo
y del Espíritu Santo. Amén.

POR TODA LA ETERNIDAD: LA ALIANZA DE DIOS

+ En el nombre del Padre y del Hijo
y del Espíritu Santo. Amén.

Alabado seas al despuntar el alba

Al despuntar la luz del alba,
te alabamos, oh Señor;
pues eres el Redentor de toda creación.
Concédenos, por tu misericordia,
un día lleno de tu paz.

Perdona nuestras ofensas.
No permitas que decaiga nuestra esperanza,
no te ocultes de nosotros.
En tu amor cuidador nos sostienes;
no te alejes de nosotros.
Solo tú conoces nuestra debilidad.
Oh Dios, no nos abandones. Amén.

De la Iglesia siríaca oriental

Y Dios dijo a Noé: «Este será el signo de la alianza que establezco con ustedes, y con todos los seres vivientes que los acompañan, para todos los tiempos futuros: yo pongo mi arco en las nubes, como un signo de mi alianza con la tierra.

GÉNESIS 9,12-13

Benedictus

Bendito sea el Señor, el Dios de Israel,
porque ha visitado y redimido a su Pueblo,
y nos ha dado un poderoso Salvador
en la casa de David, su servidor,
como lo había anunciado mucho tiempo antes
por boca de sus santos profetas,
para salvarnos de nuestros enemigos
y de las manos de todos los que nos odian.
Así tuvo misericordia de nuestros padres
y se acordó de su santa Alianza,
del juramento que hizo a nuestro padre Abraham
de concedernos que, libres de temor,
arrancados de las manos de nuestros enemigos,
lo sirvamos en santidad y justicia bajo su mirada,
durante toda nuestra vida.
Y tú, niño, serás llamado Profeta del Altísimo,
porque irás delante del Señor preparando sus caminos,
para hacer conocer a su Pueblo la salvación
mediante el perdón de los pecados;
gracias a la misericordiosa ternura de nuestro Dios,
que nos traerá del cielo la visita del Sol naciente,
para iluminar a los que están en las tinieblas
y en la sombra de la muerte,
y guiar nuestros pasos por el camino de la paz.
Gloria al Padre, y al Hijo, y al Espíritu Santo.
Como era en el principio, ahora y siempre,
por los siglos de los siglos.
Amén.

LUCAS 1,68-79

> 💡 La Iglesia reza el *Benedictus* en la oración matutina diaria de Laudes (en latín, significa «cantos de alabanza»). Es un canto profético del sacerdote Zacarías, perteneciente al evangelio de Lucas: Zacarías, el padre de Juan el Bautista, no había creído el anuncio de que su anciana esposa aún tendría un hijo. Como consecuencia, quedó mudo durante nueve meses. Tras el nacimiento de su hijo y su bautismo, el Espíritu Santo descendió sobre él, y entonó este himno de alabanza: a la fidelidad y el poder salvador de Dios en la historia, al Salvador divino que está por llegar como «la luz desde lo alto», y a su hijo Juan, a quien llama «profeta del Altísimo».

Silencio

Mi petición para el día…

Padre nuestro, que estás en el cielo…

A veces, por un instante

A veces, por un instante,
me detengo en medio del bullicio del día,
cierro mis ojos y oídos
y, por un momento, soy feliz:
no estoy solo,
tú estás ahí, mi Dios. Amén.

La bendición de los sacerdotes

Señor, bendíceme y protégeme,
haz brillar tu rostro sobre mí y concédeme tu favor,
descúbreme tu rostro y concédeme la paz.
+ En el nombre del Padre y del Hijo
y del Espíritu Santo. Amén.

Inspirada en NÚMEROS 6,24-26

+ En el nombre del Padre y del Hijo
y del Espíritu Santo. Amén.

*Miro hacia atrás y repaso este día en silencio. Recuerdo con
quiénes me encontré a lo largo del día, aquello que pensé,
y lo que dije e hice.*

Padre bueno, te doy gracias por este día y por todo lo
bueno que he experimentado hoy. Perdóname por cada
vez que he pecado contra ti, contra los demás o contra
mí mismo, y deja que mi corazón halle el sosiego en ti.
Amén.

Dios, cuya palabra creó el mundo

Dios, cuya palabra creó el mundo
y cuya voluntad lo sostiene:
envuelves el día en una luz hermosa,
en un sueño misericordioso la noche oscura.
Que nuestro corazón más profundo te sueñe
mientras la calma nos rodea.
Que el sueño refresque nuestro cuerpo
y lo fortalezca con nueva energía.
A ti sea el elogio,
Dios Padre, Hijo y Espíritu Santo. Amén.

SAN AMBROSIO DE MILÁN

99 Como mi oración se volvía cada vez más devota y profunda, tenía cada vez menos que decir;
al final, me quedé completamente en silencio. Me convertí en un oyente, lo que quizás sea un
contraste aún mayor con el hablar. Al principio, pensaba que orar era hablar, pero aprendí que orar
no es simplemente quedarse en silencio, sino escuchar. Así es: orar no significa escucharse a uno
mismo hablar, sino más bien quedarse en silencio y esperar hasta que el que ora escuche a Dios.

SØREN KIERKEGAARD

Tu guardián no duerme

Levanto mis ojos a las montañas:
¿de dónde me vendrá la ayuda?
La ayuda me viene del Señor,
que hizo el cielo y la tierra.
Él no dejará que resbale tu pie:
¡tu guardián no duerme!
No, no duerme ni dormita
el guardián de Israel.
El Señor es tu guardián,
es la sombra protectora a tu derecha:
de día, no te dañará el sol,
ni la luna de noche.
El Señor te protegerá de todo mal
y cuidará tu vida.
Él te protegerá en la partida y el regreso,
ahora y para siempre.
Gloria al Padre, y al Hijo, y al Espíritu Santo.
Como era en el principio, ahora y siempre,
por los siglos de los siglos. Amén.

SALMO 121

Solidaridad

Mantener siempre atentos los oídos
al grito de dolor de los demás
y escuchar su pedido de socorro...
es solidaridad.
Sentir como algo propio el sufrimiento
del hermano de aquí y del de allá;
hacer propia la angustia de los pobres...
es solidaridad.
Llegar a ser la voz de los humildes,
descubrir la injusticia y la maldad,
denunciar al injusto y al malvado...
es solidaridad.
Dejarse transportar por un mensaje
cargado de esperanza, amor y paz,
hasta apretar la mano del hermano...
es solidaridad.
Convertirse uno mismo en mensajero
del brazo sincero y fraternal
que unos pueblos envían a otros pueblos
es solidaridad.
Compartir los peligros en la lucha
por vivir en justicia y libertad
arriesgando en amor hasta la vida...
es solidaridad.

MONSEÑOR LEÓNIDAS PROAÑO

Concédeme, Señor,
una noche tranquila y un final perfecto en ti.
+ En el nombre del Padre y del Hijo
y del Espíritu Santo. Amén.

SEGUNDA PARTE

Tú nos has llamado amigos

2

ORAR MI VIDA

Alabar al Padre

Padrenuestro

Padre nuestro,
que estás en el cielo,
santificado sea tu nombre,
que venga tu reino,
que se haga tu voluntad
en la tierra como en el cielo.
Danos hoy nuestro pan de cada día.
Perdona nuestras ofensas,
como nosotros perdonamos
a los que nos han ofendido.
No nos dejes caer en la tentación,
sino líbranos del mal.
Amén.

MATEO 6,9-13

Un día, Jesús estaba orando en cierto lugar, y cuando terminó, uno de sus discípulos le dijo: «Señor, enséñanos a orar, así como Juan enseñó a sus discípulos». Él les dijo entonces: «Cuando oren, digan: Padre, santificado sea tu nombre...».

LUCAS 11,1-2

Credo

Creo en Dios, Padre todopoderoso,
Creador del Cielo y de la tierra.
Creo en Jesucristo, su único Hijo, nuestro Señor,
que fue concebido por obra y gracia del Espíritu Santo,
nació de santa María Virgen,
padeció bajo el poder de Poncio Pilato,
fue crucificado, muerto y sepultado,
descendió a los infiernos;
al tercer día, resucitó de entre los muertos,
subió a los Cielos
y está sentado a la derecha de Dios, Padre todopoderoso.
Desde allí ha de venir a juzgar a vivos y muertos.

Creo en el Espíritu Santo,
la santa Iglesia católica,
la comunión de los santos,
el perdón de los pecados,
la resurrección de la carne
y la vida eterna.
Amén.

Credo de los Apóstoles

> 99 Pero ¿qué pasa con la oración antigua y tradicional ya formulada? ¿Qué derecho tiene
> todavía? Es participación en la experiencia de Dios y en los encuentros con Dios a lo largo de
> los milenios. Es comunión con innumerables orantes que se entienden desde Dios y viven hacia
> Él. Es la memoria de una cadena incontable de guías y disposiciones de Dios en la historia del
> pueblo de Dios; protege contra el olvido perjudicial del pacto con Dios, sin el cual no somos
> hijos de Dios.
>
> HEINRICH SPAEMANN

Gloria

Gloria a Dios en el Cielo,
y en la tierra paz a los hombres que ama el Señor.
Por tu inmensa gloria te alabamos,
te bendecimos, te adoramos, te glorificamos;
te damos gracias, Señor Dios, Rey celestial, Dios Padre todopoderoso.
Señor, Hijo único, Jesucristo; Señor Dios, Cordero de Dios, Hijo del Padre;
tú que quitas el pecado del mundo, ten piedad de nosotros;
tú que quitas el pecado del mundo, atiende nuestra súplica;
tú que estás sentado a la derecha del Padre, ten piedad de nosotros,
porque solo tú eres Santo, solo tú Señor, solo tú, Altísimo Jesucristo,
con el Espíritu Santo en la gloria de Dios Padre.
Amén.

De la Liturgia de la Misa, siglo IX

Sanctus

Santo, Santo, Santo es el Señor, Dios del universo.
Llenos están el Cielo y la tierra de su gloria.
Hosanna en el Cielo.
Bendito el que viene en nombre del Señor.
Hosanna en el Cielo.

De la Liturgia de la Misa, de ISAÍAS 3,6 y SALMO 118,25f

Te Deum laudamus

A ti, oh Dios, te alabamos,
a ti, Señor, te reconocemos.
A ti, eterno Padre,
te venera toda la creación.
Los ángeles todos,
los cielos y todas las potestades te honran.
Los querubines y serafines
te cantan sin cesar:
Santo, Santo, Santo es el Señor,
Dios del Universo.
Los cielos y la tierra están llenos
de la majestad de tu gloria.
A ti te ensalza el glorioso coro de los Apóstoles,
la multitud admirable de los profetas,
el blanco ejército de los mártires.
A ti la Iglesia santa, extendida por toda la tierra, te proclama:
Padre de inmensa majestad,
Hijo único y verdadero, digno de adoración,
Espíritu Santo, Defensor.
Tú eres el Rey de la gloria, Cristo.
Tú eres el Hijo único del Padre.

* ¡A ti, oh Dios, te alabamos! – ** ¡A ti, Señor te reconocemos

Tú, para liberar al hombre, aceptaste la condición humana
sin desdeñar el seno de la Virgen
tú, rotas las cadenas de la muerte,
abriste a los creyentes el Reino del Cielo.
Amén.

El «Te Deum» también se conoce como el «Canto de alabanza ambrosiano». Según la tradición, surgió espontáneamente durante la liturgia de la Vigilia Pascual en el año 387. Mientras el obispo san Ambrosio de Milán bautizaba a san Agustín, este último, inspirado por el Espíritu Santo, comenzó a cantar espontáneamente, y quien lo bautizaba, Ambrosio, le respondía con versos.

Magnificat

Mi alma canta la grandeza del Señor,
y mi espíritu se estremece de gozo en Dios, mi Salvador,
porque él miró con bondad la pequeñez de su servidora.
En adelante todas las generaciones me llamarán feliz,
porque el Todopoderoso ha hecho en mí grandes cosas:
¡su Nombre es santo!
Su misericordia se extiende de generación en generación
sobre aquellos que lo temen.
Desplegó la fuerza de su brazo,
dispersó a los soberbios de corazón.
Derribó a los poderosos de su trono
y elevó a los humildes.
Colmó de bienes a los hambrientos
y despidió a los ricos con las manos vacías.
Socorrió a Israel, su servidor,
acordándose de su misericordia,
como lo había prometido a nuestros padres,
en favor de Abraham y de su descendencia para siempre.
Gloria al Padre, y al Hijo, y al Espíritu Santo.
Como era en el principio, ahora y siempre, por los siglos de los siglos.
Amén.

LUCAS 1,46-55

Inagotable es tu sabiduría

Dios mío,
¡qué profunda y llena de riqueza es tu sabiduría y tu ciencia!
¡Qué insondables son tus designios y qué incomprensibles tus caminos!
¿Quién penetró en tu pensamiento? ¿Quién fue tu consejero?
¿Quién te dio algo, para que tenga derecho a ser retribuido?
Porque todo viene de ti,
ha sido hecho por ti, y es para ti.
¡A ti sea la gloria eternamente! Amén.

Ver Romanos 11,33-36

Todo procede de ti

Lo cercano y lo lejano,
todo procede de ti,
la paja y las estrellas,
el grano de arena y el mar.
De ti son los arbustos
y las hojas, y el grano
y la fruta de ti,
el bello tiempo de primavera y la nieve y la tormenta.

Tú haces salir el sol,
guías la marcha de la luna;
tú haces soplar los vientos
y abres las nubes.
Nos brindas tanta alegría, nos haces frescos
y sonrosados;

das pasto al ganado
y a tus hijos pan.
Amén.
MATTHIAS CLAUDIUS

Los ojos de todos esperan en ti

El Señor es bondadoso y compasivo,
lento para enojarse y de gran misericordia;
el Señor es bueno con todos
y tiene compasión de todas sus criaturas. [...]

El Señor sostiene a los que caen
y endereza a los que están encorvados.

Los ojos de todos esperan en ti,
y tú les das la comida a su tiempo;
abres tu mano y colmas de favores
a todos los vivientes.
Gloria al Padre, y al Hijo, y al Espíritu Santo.
Como era en el principio, ahora y siempre,
por los siglos de los siglos.
Amén.
SALMO 145

Oración de la noche

Sé que tú eres mi Padre,
en cuyos brazos estoy seguro.
No quiero preguntar cómo me guías;
quiero seguirte sin preocupaciones.

Y si pusieras en mi poder mi vida,
para que yo la dirigiera,
con la confianza de un niño,
la depositaría de nuevo en tus manos.
Amén.

Escuchar al Hijo

Tú eres Dios, el Hijo

Señor, tú me miras,
y yo te miro a ti.
Eres la Palabra viva del Padre,
por medio de la cual creó el mundo
y se hizo hombre, como yo.
Eres el Hijo de Dios y el Hijo de la Virgen María,
que dijo sí a tu venida al mundo.
Eres el buen pastor que busca al perdido.
Eres la vid de la que somos los sarmientos.
Eres mi puerta hacia el Padre y la puerta del Padre hacia mí.
Eres la compasión y la alegría de Dios con nosotros.
Eres el perdón de Dios por nuestros pecados
y su misericordia hacia nosotros.
Eres el grano de trigo que se muele, se convierte en pan y nos da la vida.
Eres la imagen de Dios, en la que reconocemos al Padre.
Eres su amor encarnado, que nunca me deja solo
y que es más fuerte que la muerte.
Eres la resurrección y la vida para todos,
los que confían en ti, los que creen en ti y te siguen.
Eres el juez justo, que un día regresará,
que hará justicia a los oprimidos
y pondrá nuestra vida en la luz correcta.
Y un día serás todo en todos.
Te miraré y tú me mirarás.
Te veré tal como eres,
y me alegraré en ti,
con todos los que son tuyos,
por toda la eternidad.
Amén.

DÖRTE SCHRÖMGES / GEORG LENGERKE

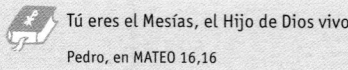
Tú eres el Mesías, el Hijo de Dios vivo.

Pedro, en MATEO 16,16

Ven, Señor, y habita en mí

Ven, Señor, que sea Navidad
en el hogar de mi vida.
Muchos han habitado en él,
mientras para ti no había lugar.
Abrí la puerta a huéspedes,
que lo ensuciaron y devastaron.
Y a veces había perdido la alegría
de habitar en la casa de mi propia vida.
Entra tú ahora en los espacios abandonados,
llena mi casa con tu luz y tu presencia
y entra también en las últimas,
olvidadas habitaciones de la culpa.
Ven con el milagro de tu paz
y quédate para siempre conmigo.
Amén.

BERNHARD MEUSER

Jesús, tú que habitas en mi corazón

Jesús, tú que habitas en mi corazón,
creo en tu amor por mí
y te amo. Amén.

SANTA TERESA DE CALCUTA

Sé mi maestro, Señor

Te necesito, Señor, como mi maestro,
necesito de ti cada día.
Dame la claridad de conciencia,
que solo puede sentir y entender tu Espíritu.

Mis oídos están sordos, no puedo oír tu voz.
Mi vista está nublada, no puedo ver tus señales.
Solo tú puedes agudizar mi oído,
aclarar mi vista y purificar mi corazón.
Enséñame a sentarme a tus pies
y escuchar tu palabra. Amén.

SAN JOHN HENRY NEWMAN

¡Jesús misericordioso, confío en ti!

¡Jesús misericordioso, confío en ti!
Nada debe asustarme ni inquietarme más.
Confío en ti de día y de noche,
en las alegrías y en las penas,
en las tentaciones y en los peligros,
en la suerte y en la desgracia,
en la vida y en la muerte,
para el tiempo y la eternidad.

Confío en ti en la oración y en el trabajo,
en los éxitos y fracasos,
en la vigilia y el descanso,
en la tribulación y la tristeza;
sí, incluso en mis errores y pecados
quiero confiar inquebrantablemente en ti.

Tú eres el fundamento de mi esperanza, la estrella de mi peregrinaje,
el soporte de mi debilidad, el perdón de mis pecados,
la fuerza de mi virtud,
la culminación de mi vida, el consuelo de mi hora de muerte,
la alegría y delicia de mi cielo.

Jesús misericordioso, tú que eres el descanso fuerte
y el refugio seguro de mi alma,
aumenta mi confianza y completa mi fe en tu poder y bondad.
Aunque sea el más pobre de tus devotos y el último de tus siervos,
quiero ser grande y perfecto en la confianza
de que tú eres mi salvación y mi rescate para toda la eternidad.

Que esta mi confianza sea mi recomendación ante ti,
ahora y siempre, pero sobre todo en la hora de mi muerte. Amén.
SANTA FAUSTINA KOWALSKA

> 99 Muchos se equivocan al pensar que se necesitan muchas cosas, muchos métodos, para hacer bien la oración. No digo que no se deban usar ciertos métodos; pero no debemos aferrarnos a ellos ni depender completamente de ellos, de modo que pongamos toda nuestra confianza en ellos. Para hacer una buena oración, solo se necesita una cosa esencial: tener a nuestro Señor en nuestros brazos. Si eso se cumple, siempre está bien hecha, de cualquier manera que la realicemos.
>
> SAN FRANCISCO DE SALES

Tú, santa Cruz de la esperanza

Oh tú, Cruz altamente santa,
en la que mi Señor colgó
en dolor y angustia de muerte.

Allí con lanza y clavos,
los miembros fueron atravesados,
manos, pies y costado perforados.

Tú eres el signo de la victoria,
ante el cual el enemigo
solo con mirar se estremece.

Tú eres el bastón de los peregrinos,
con el que avanzamos seguros,
sin tambalearnos ni caernos.

¿Quién puede alabarte
suficientemente,
puesto que has encerrado todo
bien que alguna vez
nos ha sido otorgado?

Tú eres la escalera segura,
por la que se sube a la vida
que Dios quiere dar
eternamente.

Tú eres el fuerte puente,
por el cual todos los piadosos
cruzan bien las corrientes.

Eres la llave del cielo, abres la
vida que nos es dada por ti.

Muestra tu fuerza y poder,
protégenos a todos juntos,
por tu santo nombre.

Para que nosotros,
los hijos de Dios,
podamos morir en paz,
como herederos de su reino.
Amén.

En Constanza, hacia 1600

> **Consagración breve al Sagrado Corazón**
>
> Jesús mío,
> para testimonio de mi gratitud
> y reparación de mis infidelidades,
> te doy mi corazón.
> Yo me consagro enteramente a ti,
> y me propongo, con la ayuda
> de tu gracia, nunca ofenderte.
> Amén.
>
> JUNTA CATEQUÍSTICA REGIONAL NOA

Señor, envíanos

Señor, envíanos.
Si así lo quieres,
dejaremos atrás la casa que nos ha llegado a ser querida,
que ha sido lugar de fe, de dudas, de adoración,
que ha sido piedra con la que hemos tropezado,
que ha sido espacio que nos conocía,
lugar que nos dio refugio.

Si así lo quieres,
dejaremos a los hermanos y hermanas que conocemos,
a quienes hemos amado, irritado, bendecido,
a los santos y los pecadores y los mediocres,
con quienes durante décadas hemos creído y rezado,
trabajado y sudado, comido y bebido.

Si así lo quieres,
nos despediremos
de las manos y oraciones que nos sostuvieron,
de los ojos que nos llamaron,
de la casa que contribuimos a construir
y que se ha convertido en parte de nosotros.

Si así lo quieres,
nos despediremos.
Tú nos llamas.
Tú nos envías.

Y dondequiera que nos establezcamos, tú ya estás allí.
Tú, que nos has llevado, moldeado, guiado, liberado; tú ya estás allí.
Tú, que nos llevas hacia lo inesperado, lo nuevo; tú ya estás allí.
Caminamos contigo, te experimentamos de formas que nunca creímos;
tú ya estás allí.

Nos ponemos en marcha,
y no estamos abandonados,
porque tú vienes con nosotros.
Amén.

Basado en un sermón de SAN BERNARDO DE CLARAVAL

Pedir al Espíritu

Ven, Espíritu Santo

Espíritu Santo,
envía desde Dios
el rayo de tu fuego.

Ven, Padre de los pobres,
ven, dador de dones,
ven, luz de los corazones.

Consolador supremo,
amigo nuestro,
ayuda tangible.

Tú, reposo en la inquietud,
tú, mesura en la pasión,
tú, aliento en el desaliento.

Felicidad sin fin,
perfecciona en lo más íntimo
a los que confían en ti.

Sin tu intervención
nada hay en el hombre,
nada es seguro.

 Y ustedes no han recibido un espíritu de esclavos para volver a caer en el temor, sino el espíritu de hijos adoptivos, que nos hace llamar a Dios ¡Abba!, es decir, ¡Padre!

ROMANOS 8,15

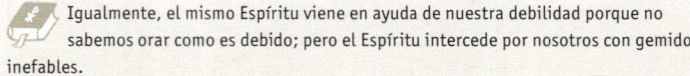 Igualmente, el mismo Espíritu viene en ayuda de nuestra debilidad porque no sabemos orar como es debido; pero el Espíritu intercede por nosotros con gemidos inefables.

ROMANOS 8,26

Aclara lo opaco,
haz fecunda la desolación,
cura las heridas.

Doblega lo inflexible,
mueve lo insensible,
guía a los extraviados.

Otorga a tus fieles,
que en ti confían,
la plenitud de tus dones.

Bendice nuestra obra,
otorga la salvación
en la muerte,
concede la alegría eterna.
Amén. Aleluya.
STEPHEN LANGTON, inspirada
en SANTA HILDEGARDA DE BINGEN

> 99 La oración es un regalo del Espíritu Santo que nos convierte en hombres y mujeres de esperanza, orar nos permite mantener el mundo abierto a Dios.
>
> BENEDICTO XVI

Respira en mí, oh Espíritu Santo

Respira en mí, oh Espíritu Santo,
para que mis pensamientos puedan ser todos santos.
Actúa en mí, oh Espíritu Santo,
para que mi trabajo también pueda ser santo.
Atrae mi corazón, oh Espíritu Santo,
para que solo ame lo que es santo.
Fortaléceme, oh Espíritu Santo,
para que defienda todo lo que es santo.
Guárdame pues, oh Espíritu Santo,
para que yo siempre pueda ser santo.

SAN AGUSTÍN

Ven, Espíritu divino

Ven, Espíritu divino,
manda tu luz desde el cielo.
Padre amoroso del pobre;
don, en tus dones espléndido;
luz que penetra las almas;
fuente del mayor consuelo.
Ven, dulce huésped del alma,
descanso de nuestro esfuerzo,
tregua en el duro trabajo,
brisa en las horas de fuego,
gozo que enjuga las lágrimas
y reconforta en los duelos.
Entra hasta el fondo del alma,
divina luz, y enriquécenos.
Mira el vacío del hombre
si tú le faltas por dentro;
mira el poder del pecado
cuando no envías tu aliento.
Riega la tierra en sequía,
sana el corazón enfermo,
lava las manchas,
infunde calor de vida en el hielo,
doma el espíritu indómito,
guía al que tuerce el sendero.
Reparte tus siete dones,
según la fe de tus siervos;
por tu bondad y tu gracia,
dale al esfuerzo su mérito;
salva al que busca salvarse
y danos tu gozo eterno.
Amén.

RABANO MAURO

> Sin embargo, una cosa es necesaria: que anhelemos al buen Espíritu, que lo necesitemos más de lo que un niño necesita pan, pescado y huevo para mantenerse vivo en la tierra. ¡Y que pidamos a Dios por este Espíritu desde tal hambre!
>
> HEINRICH SPAEMANN

Oración al Espíritu Santo

Espíritu Santo, abogado nuestro y fuente incomparable de santidad, te rogamos nos concedas los dones y frutos que brotan de la abundancia de tu Amor.

Concédenos el don de la disponibilidad, para estar preparados, para gloria tuya y del Padre y del Hijo y por la salvación de la humanidad, a afrontar gustosamente cuantos servicios nos señale tu providencia.

Derrama también sobre nuestros corazones el amor solidario y comprometido, para que podamos acrecentar tu gloria solidarizándonos con los gozos y las esperanzas, los dolores y los sufrimientos de la humanidad.

Y como tú sueles comunicar tus dones, particularmente por la oración y los sacramentos, danos la gracia de vivirlos intensamente para el crecimiento en la caridad, el amor fraterno y la alegría de comunicar tu amor universal.

Que así se cumpla en nosotros lo prometido: sé fiel hasta la muerte y te daré la corona de la vida.

Acuérdate, Espíritu Santo, de todos los que confesamos un mismo Bautismo, de los que no creen en Dios y de los pecadores. Haz que, con el Padre y el Hijo, encuentren en ti la única fuente de verdadera felicidad, y te amen con sinceridad. Consuela también a los difuntos, confortándolos con los ríos de tu misericordia y de tu gracia. Amén.

VADEMECUM SVD, basada en una oración de SAN ARNOLDO JANSSEN

Llamados no habituales al Espíritu Santo

Espíritu Santo, fuente de verdad, tú, aliento de Dios, dador de vida.

Sorpréndeme	en medio de la vida cotidiana.
Persígueme	hasta en mis planes.
Transforma	mi entendimiento.
Llena mi ser	con todos tus dones.
Purifícame	para que sea limpio.
Despierta	mi talento para que trabaje.
Obra en mí	para que mi ego desaparezca.
Enciende en mí tu carisma	para que dé testimonio de ti.
Alcánzame	cuando huya.
Recógeme	cuando vague sin rumbo.
Impúlsame	cuando decaiga.
Inspírame	cuando esté creando.
Ven a mi encuentro	cuando te busque.
Camina a mi lado	cuando esté ensimismado.
Ilumíname	cuando no entienda.
Rompe mis barreras	cuando esté paralizado.
Penetra en mí	cuando esté indeciso.
Purifícame	cuando sea tentado.
Enciéndeme	cuando esté frío.
Inúndame	cuando sea engreído.
Fluye a través de mí	cuando esté vacío.
Alégrame	cuando esté triste.
Abrázame	cuando esté solo.
Ora en mí	cuando no tenga palabras.
Consuélame	cuando me sienta abandonado.
Sáname	cuando esté enfermo.
Sosténme	cuando caiga.
Protégeme	cuando esté indefenso.
Envuélveme	cuando arda en deseo.
Regocíjate en mí	cuando te ame.

Adorar a Dios

Rezar la señal de la cruz

En el nombre del Padre,
    que nos ha creado y nos ama
    y no nos pierde en la eternidad,
y del Hijo,
    en quien Dios se entrega en mi vida y mi cuerpo,
    en el mundo y su sufrimiento hasta el inframundo,
y del Espíritu Santo,
    que une a ambos y nos consuela y guía
    y nos conecta entre nosotros y con Él,
    en el poder de su resurrección.
Ilumina mi espíritu,
    mis pensamientos,
    mi entendimiento y mi razón
    y aclara mi vista,
inunda mi cuerpo
    con tu santa presencia,
    despierta en él las fuerzas de tu creación
    y del Espíritu Santo, cuya morada es,
guía mis manos
    para que sean libres
    para la mano que tú extiendes,
    y la obra que me has dado a realizar.
Para que todo lo que soy y tengo,
lo que hago y anhelo,
esté dirigido hacia ti y contigo,
para tu gloria y para la salvación
de los hombres. Amén.

GEORG LENGERKE

El signo de la cruz representa al mismo tiempo la cruz y nuestro cuerpo. En Jesús, Dios lo ha aceptado completamente. Luego, traza (de arriba abajo) el movimiento de Dios en su Hijo hacia nosotros los humanos y (de izquierda a derecha) la fuerza conectiva y motivadora, consoladora y recordatoria del Espíritu Santo a través de la historia del mundo. Finalmente, es la petición por la bendición y la luz de Dios para nuestro espíritu, nuestro corazón y nuestras manos, para lo que pensamos, sentimos y hacemos.

Letanía de Pentecostés

Derrama tu Espíritu
sobre jóvenes y ancianos,
sobre niños y adultos,
sobre hombres y mujeres,
sobre ricos y pobres,
sobre débiles y fuertes,
sobre el Norte y el Sur.
Derrama tu Espíritu.

Envía tu fuego
al corazón de todas las personas,
a los ojos de todas las personas,
a los labios de todas las personas,
a los oídos de todas las personas,
a las manos de todas las personas,
a las entrañas de todas las personas.
Envía tu fuego.

Sopla tu aliento
sobre los que creen,
sobre los que dudan,
sobre los que aman,
sobre los que se sienten solos,
sobre los que siembran,
sobre los que marchitan esperanzas.
Sopla tu aliento.

Envía tu fuego
a las palabras de los profetas,
a los silencios de los pobres,
a los discursos de los políticos,
a los cantos de los monjes,
a los libros de los sabios,
a las nanas de las madres.
Envía tu fuego.

FLORENTINO ULIBARRI

> La gracia consiste en olvidarse de uno mismo.
> GEORGES BERNANOS

Yo me abandono a ti

Padre mío,
me abandono a ti.
Haz de mí lo que quieras.
Lo que hagas de mí te lo agradezco,
estoy dispuesto a todo,
lo acepto todo.
Con tal que tu voluntad se haga en mí
y en todas tus criaturas,
no deseo nada más, Dios mío.
Pongo mi vida en tus manos.
Te la doy, Dios mío,
con todo el amor de mi corazón,
porque te amo,
y porque para mí amarte es darme,
entregarme en tus manos sin medida,
con infinita confianza,
porque tú eres mi Padre.

SAN CARLOS DE FOUCAULD

99 Y ahora confíale todo. Él es el Padre. Su providencia lo abarca todo; ni un cabello cae de la cabeza sin que Él sepa por qué. No dudes de su sabiduría. No podemos entender los caminos de Dios. Confía en Él completamente, sin reservas.

ROMANO GUARDINI

Para que me convierta en lo que tú me das

Señor, tú eres el pan de vida.
Tú mismo te entregas a mí.
Y en este pedazo de pan recibo lo que soy:
el Cuerpo de Cristo,
para que me convierta en lo que recibo:
el Cuerpo de Cristo.
Amén.

SAN AGUSTÍN

Ustedes son el Cuerpo de Cristo, y cada uno en particular, miembros de ese Cuerpo.

1 CORINTIOS 12,27

99 Miren a Cristo en el Tabernáculo: dirijan sus ojos hacia Él, que es la Luz; acerquen sus corazones a su divino Corazón; pídanle la gracia de conocerlo, el amor para amarlo, el valor para servirlo. Búsquenlo con pasión. Cada momento en oración –especialmente ante nuestro Señor en el Tabernáculo– es una ganancia segura.

SANTA TERESA DE CALCUTA

Te adoro con devoción, Dios escondido

Te adoro con devoción, Dios escondido, oculto
verdaderamente bajo estas apariencias. A ti
se somete mi corazón por completo, y se rinde
totalmente al contemplarte.

Al juzgar de ti, se equivocan la vista, el tacto, el
gusto; pero basta el oído para creer con firmeza;
creo todo lo que ha dicho el Hijo de Dios: nada
es más verdadero que esta palabra de verdad.

En la Cruz se escondía solo la divinidad, pero
aquí se esconde también la humanidad; sin
embargo, creo y confieso ambas cosas, y pido lo
que pidió aquel ladrón arrepentido.

No veo las llagas como las vio Tomás, pero
confieso que eres mi Dios: haz que yo crea
más y más en ti, que en ti espere y que
te ame.

JUAN 20,19-29

¡Memorial de la muerte del Señor! Pan vivo
que das vida al hombre: concede a mi alma
que de ti viva y que siempre saboree tu dulzura.

Señor Jesús, pelícano bueno, límpiame a mí,
inmundo, con tu sangre, de la que una sola gota
puede liberar de todos los crímenes al mundo
entero.

Jesús, a quien ahora veo oculto, te ruego, que se
cumpla lo que tanto ansío: que al mirar tu rostro
cara a cara, sea yo feliz viendo tu gloria.
Amén.

SANTO TOMÁS DE AQUINO

La antigua
mitología dice del
pelícano que se desgarra
el pecho para alimentar
a sus crías que están
muriendo de hambre, a
fin de nutrirlas y devol-
verlas a la vida. Esto fue
entendido como un símil
de la muerte de Cristo
y la eucaristía, y así fue
incorporado en el arte
cristiano.

No me pierdas

No sé quién eres,
no sé cómo eres,
no sé dónde estás.
Pero sé, oh Dios, que me pierdo
si no te busco.
Amén.

BERNHARD MEUSER

Amarte toda la vida

Te amo, mi Dios,
y mi único deseo es amarte hasta el último instante de mi vida.
Te amo, mi Dios infinitamente amable,
y prefiero morir amándote
que vivir aunque sea un solo instante sin tu amor.

Te amo, Señor,
y la única gracia que te pido
es la de poder amarte eternamente.

Mi Dios,
si mi boca no puede decir en todo momento que te amo,
quiero que mi corazón te lo repita
con cada latido.
Amén.

SAN JUAN MARÍA VIANNEY, CURA DE ARS

> El alma virtuosa encuentra el lugar de la oración en todas partes, pues siempre lo lleva consigo.
>
> SANTA CATALINA DE SIENA

> El progreso del alma no consiste en pensar mucho en Dios, sino en amarlo profundamente; y se adquiere este amor decidiéndose a hacer mucho por Él.
>
> SANTA TERESA DE ÁVILA

Perdonarme y dejarme redimir

Confiteor: Yo confieso

Yo confieso, Dios todopoderoso,
ante ti, único conocedor de mi corazón y mi historia,
único que puede perdonar los pecados,
único que puede aliviar mi carga y reparar lo que he dañado;
y ante todos los hermanos y hermanas,
ante aquellos a quienes he ofendido,
ante aquellos que me han ofendido,
y ante aquellos que son pecadores como yo
y que claman conmigo ante ti;
que he omitido hacer el bien y he cometido el mal,
el bien que querías otorgarme y que rechacé,
y el mal por el que fui seducido
porque parecía tan terriblemente plausible.

He pecado por mi culpa,
en la que no hay nada que disimular,
por mi culpa,
a la que me enfrento,
por mi gran culpa,
que me separa de ti, y de mí mismo.

Por eso pido a la bienaventurada Virgen María,
a todos los ángeles y santos
y a toda la Iglesia celestial que ora por nosotros,
y a ustedes, hermanos y hermanas,
a quienes ya no quiero engañar,
que ahora saben la verdad,
a quienes pido perdón y paciencia y con quienes estoy ante Dios;
que oren por mí ante Dios nuestro Señor,
para que me permita reconocer su mirada
sobre mi vida y la de mis hermanos y hermanas,
para que me arroje en sus brazos con todo lo que he hecho y sufrido,
que me perdone,
por lo que he pecado contra él,
contra las personas y contra mi alma.
Amén.

Liturgia/GEORG LENGERKE

¿Qué dios es como tú?

¿Qué dios es como tú, que perdonas la falta
y pasas por alto la rebeldía del resto de tu herencia?
Él no mantiene su ira para siempre,
porque ama la fidelidad.
Él volverá a compadecerse de nosotros
y pisoteará nuestras faltas.
Tú arrojarás en lo más profundo del mar
todos nuestros pecados.
Manifestarás tu lealtad a Jacob
y tu fidelidad a Abraham,
como lo juraste a nuestros padres
desde los tiempos remotos.
Amén.

MIQUEAS 7,18-20

 Yo estoy junto a la puerta y llamo.
APOCALIPSIS 3,20

El triple golpe en el pecho durante la confesión de pecados en la santa misa es como un tocar a la puerta por parte de Dios. ¿Justo ahora, cuando recuerdo que dentro de mí es como un desastre? ¿Precisamente ahora él toca y quiere entrar? No queda más tiempo; ya no puedo limpiar nada por mí mismo, no puedo arreglar nada por mí mismo. Lo dejo entrar, a todo lo que está en mí y me pertenece. Él viene, y donde se le permite entrar, allí todo irá bien.

Liberado de los ídolos

Seas alabado, mi Dios,
por liberarme de los ídolos.

Me concedes adorarte solo a ti
y no a los dioses inventados,
ni a la tecnología,
ni a la justicia,
ni a la necesidad de agradar,
ni al humanismo,
ni al progreso,

 Nuestra vida se salvó como un pájaro de la trampa del cazador: la trampa se rompió y nosotros escapamos. Nuestra ayuda está en el nombre del Señor, que hizo el cielo y la tierra.

SALMO 124

ni a cualquier persona,
ni a la tolerancia,
ni al sexo,
ni a la belleza,
ni a lo «divino»,
ni al consumo,
ni a las redes sociales,
ni a una marca,
ni al éxtasis,
ni a la ciencia,
ni a internet,
ni a la tarifa plana,
ni a la rentabilidad.

...

Me liberas de ideologías
que solo se explican a sí mismas,
y de concepciones
que son meras invenciones,
y del mundo virtual,
que se considera a sí mismo como la realidad.
Sé que tú no eres un Dios de muertos,
sino de vivos.
Sé alabado, mi Dios,
¡que me has liberado de la muerte!
Amén.

Basado en una idea de PAUL CLAUDEL

Esta oración también te puede servir como preparación para la confesión. Puedes complementarla con las grandezas y poderes que quieren ocupar el lugar de Dios en tu vida.

Perdóname, Señor

Señor, permíteme reconocer
en qué he pecado;
en qué abuso del poder
y no quiero aceptar la injusticia;
en qué estoy mudo, en qué callo,
en qué aparto la mirada.
Perdóname mi culpa.
Amén.

Señor mío y Dios mío

Señor mío y Dios mío,
líbrame de todo lo que me aleja de ti.
Señor mío y Dios mío,
concédeme todo lo que me acerca a ti.
Señor mío y Dios mío,
despójame de mí mismo
para entregarme completamente a ti.
Amén.

SAN NICOLÁS DE FLÜE

> " Intenten corregir sus errores mediante la atención plena y no solo con la voluntad. Cuando se aplica la atención plena con amor hacia Dios, ciertas cosas se vuelven imposibles.
> SIMONE WEIL

Tú sanas las profundas heridas

Cristo,
aceptas nuestro corazón tal como está hoy,
¿por qué deberíamos esperar
a que nuestro corazón cambie
antes de acercarnos a ti?

Tú lo cambias
cada día de nuevo,
sin que sepamos cómo.
Tú haces todo
para sanar las profundas heridas,
tú, nuestro amigo y hermano Jesucristo.
Amén.

HERMANO ROGER SCHÜTZ, COMUNIDAD DE TAIZÉ

En cada persona existe una capa de soledad que ninguna conexión humana puede llenar, ni siquiera el amor más fuerte entre dos personas. Quien no acepta este lugar de soledad vive en tumulto, en tumulto contra las personas e incluso contra Dios. Allí, en lo profundo del ser, donde nadie es igual a otro, allí te espera Cristo.

Regla de Taizé

Oración a la humildad de san José

Enséñanos, José,
cómo se es «no protagonista»,
cómo se trabaja sin exhibirse,
cómo se avanza sin pisotear,
cómo se colabora sin imponerse,
cómo se ama sin reclamar,
cómo ser eslabón entre el presente y el futuro,
cómo luchar frente a tanta desesperanza,

Dinos, José, cómo se vive siendo «número dos»,
cómo se hacen cosas formidables
desde un segundo puesto −el segundo lugar,
en el que está nuestra verdadera y oculta grandeza−.

Dinos, José, cómo se sirve sin mirar a quién,
cómo se sueña sin más tarde dudar,
cómo morir a nosotros mismos,
cómo cerrar los ojos, al igual que tú,
en los brazos de la buena Madre.

Explícanos, José, cómo se es grande sin exhibirse,
cómo se lucha sin aplauso,
cómo se avanza sin publicidad,
cómo se persevera y se muere uno
sin esperanza de un póstumo homenaje,
cómo se alcanza la gloria desde el silencio,
cómo se es fiel sin enfadarse con el cielo,
cómo se hace para ser útil, positivo, generoso
sin necesidad de ser «importante» y, todavía más difícil,
cómo se hace para darlo todo, sin ser protagonista,
y a pesar de ello, sentir por dentro profunda paz,
felicidad y gozo.

¡Enséñanos, buen padre José!
Amén.

VADEMECUM SVD

Ten piedad de mí

Señor mío y Dios mío,
como Bartimeo, yo te invoco: ¡Ten piedad de mí!
Ten piedad de mi oscuridad y sé tú mi luz.
Ten piedad de mi debilidad y sé tú mi fuerza.
Ten piedad de mi soledad y sé tú mi amigo.
Ten piedad de mi anhelo y sé tú mi verdad.
Llámame a ti: ¡quiero venir!
Amén.

DÖRTE SCHRÖMGES

> No deseemos que ninguna de nuestras miserias desaparezca, sino pidamos a la gracia que las transforme.
>
> SIMONE WEIL

He aquí el otro

Señor, he aquí el otro,
con quien no me entiendo.
Él te pertenece,
tú lo has creado.
Aunque no sea como querías,
lo has dejado tal como es.
Si tú lo soportas, mi Dios,
yo también lo llevaré y soportaré,
como tú me llevas y soportas.
Amén.

KARL RAHNER

> En el perdón de lo imperdonable, el ser humano está más cerca del amor divino.
>
> GERTRUD VON LE FORT

Tú, siempre nuevo

Señor, tú vuelves con alegría y amor
a levantar al que te ofende,
y yo no vuelvo a levantar y honrar
al que me enoja a mí.

Señor, ven y ayúdame
a aprender a amar siempre.
Amén.

De SAN JUAN DE LA CRUZ

Discernir y decidir

Padre, concédenos sabiduría

Padre, concédenos sabiduría para conocerte;
celo para buscarte; paciencia para esperarte;
un corazón para meditar sobre ti,
y una vida para proclamarte en la fuerza del Espíritu
de nuestro Señor Jesucristo.
Amén.

SAN AMBROSIO DE MILÁN

Haz que vea las cosas tal como realmente son

Oh mi Dios, quiero entenderte bien.
Te suplico, respóndeme
cuando te pregunte humildemente: ¿qué es la verdad?
Concede que vea las cosas tal como son,
que no permita que nada me engañe.
Amén.

SANTA TERESA DE LISIEUX

> Solo puedo alimentarme de la verdad. Por esta razón, nunca he buscado visiones. No se pueden ver el cielo y los ángeles en la tierra tal como son. Prefiero esperar hasta después de mi muerte.
>
> SANTA TERESA DE LISIEUX

Oración de Salomón para pedir sabiduría

Dios de los Padres y Señor misericordioso,
que hiciste todas las cosas con tu palabra.
Contigo está la Sabiduría, que conoce tus obras
y que estaba presente cuando tú hacías el mundo;
ella sabe lo que es agradable a tus ojos
y lo que es conforme a tus mandamientos.
Envíala desde los santos cielos,
mándala desde tu trono glorioso,
para que ella trabaje a mi lado
y yo conozca lo que es de tu agrado:

así ella, que lo sabe y lo comprende todo,
me guiará atinadamente en mis empresas
y me protegerá con su gloria.
Amén.

SABIDURÍA 9,1.9-11

En aquel tiempo, el rey Salomón le dijo al Señor: «Soy apenas un muchacho y no sé valerme por mí mismo. [...] Concede entonces a tu servidor un corazón comprensivo, para juzgar a tu pueblo, para discernir entre el bien y el mal. De lo contrario, ¿quién sería capaz de juzgar a un pueblo tan grande como el tuyo?».

Al Señor le agradó que Salomón le hiciera este pedido, y Dios le dijo: «Porque tú has pedido esto, y no has pedido para ti una larga vida, ni riqueza, ni la vida de tus enemigos, sino que has pedido el discernimiento necesario para juzgar con rectitud, yo voy a actuar conforme a lo que dices: Te doy un corazón sabio y prudente, de manera que no ha habido nadie como tú antes de ti, ni habrá nadie como tú después de ti».

1 REYES 3,7.9-12

Oración por los estudiantes

Oh Creador Inefable,
tú que eres la verdadera fuente de la luz y de la sabiduría,
dígnate infundir un rayo de tu claridad en mi inteligencia,
alejando de mí la doble oscuridad en que he nacido:
el pecado y la ignorancia.

Tú, que haces elocuente la lengua de los niños,
instruye la mía e infunde en mis labios la gracia de tu bendición.

Dame agudeza para entender,
capacidad para retener,
método y facultad para aprender,
sutileza para interpretar
y gracia abundante para hablar.

Dame acierto al empezar,
dirección al progresar
y perfección al acabar.

Tú que eres Dios y Hombre,
que vives y reinas por los siglos de los siglos.
Amén.

SANTO TOMÁS DE AQUINO

Ilumíname en el discernimiento

Dios mío,
no hago lo que quiero,
y hago lo que no quiero.
Todo lo postergo y no logro decidirme.
A menudo es demasiado tarde y ya está decidido,
sin que yo lo haya decidido.
No lidero mi vida, sino que soy guiado, como atado a una correa,
y no sé ni por quién ni hacia dónde.

Concédeme, Espíritu Santo, luz para discernir:

lo esencial	de lo secundario,
lo bueno	de lo malo,
la verdad	de la mentira,
lo correcto	de lo incorrecto,
lo sentido	de lo sentimental,
a ti, mi Dios,	de lo que quiere ser mi dios,
tu voz	de las otras voces,
tu gloria	de la pomposidad del enemigo,
lo que sirve a tu reino	de lo que lo obstaculiza,
lo que me conecta contigo	de lo que me separa de ti,
lo que poseo	de lo que me posee,
tu juicio	de mis proprias impresiones,
tu misericordia	de lo que me disminuye,
la perseverancia	de la dureza de mi corazón,
lo eterno	de lo efímero,
lo último	de lo anteúltimo,
el cielo que tú me das	del cielo que yo me construyo.

Renuncio a las voces que intentan convencerme de que uno no se distingue del otro.
Concédeme la buena voluntad, la capacidad, el coraje, la fuerza, la confianza y la fidelidad para decidir correctamente y elegir aquello a lo que me has llamado, lo que deseas regalarme y lo que me conduce a mí y a los míos más cerca de ti.
Amén.

GEORG LENGERKE

Queridos míos, no crean a cualquiera que se considere inspirado: pongan a prueba su inspiración, para ver si procede de Dios, porque han aparecido en el mundo muchos falsos profetas.

1 JUAN 4,1

Te doy gracias, Señor, porque me ayudas a decidir

Querido Dios,
hoy es un día como tantos otros:
una cita tras otra, todos quieren algo de mí,
y no me queda tiempo para tomar un respiro.
Pero ahora debe ser: ¡Ahora tú!
Qué bueno que me conoces y me amas,
incluso cuando a mí mismo me resulta difícil.
Qué bueno que no me olvidas,
aunque casi te olvide en el ajetreo de mi vida.
Qué bueno que siempre caminas conmigo,
aunque a veces te deje atrás en el camino.
Qué bueno que me señalas un camino,
aunque me cueste tanto decidir.
Qué bueno que quieres ser mi meta,
aunque pierda completamente la orientación.
La prisa se detiene un momento en la puerta,
el mundo contiene la respiración por un instante,
me vuelvo hacia ti y digo:
Gracias a Dios.

DÖRTE SCHRÖMGES

Ser llamado y responder

La voz de Cristo

¡Oh voz de Jesucristo! La que espera
solo resonará en el abismo umbrío
del mundo, en el más hondo pecho mío
donde el ansia de ti va a hacerse hoguera.

Hoy, al fin, me resuelvo; en la carrera
donde reinarás, correré bravío;
tú mi guía serás, mi amparo y mi río,
tú mi sol, mi consuelo y mi bandera.

Quiero ser tuyo; tuyo en la sonrisa
del triunfo, y tuyo en la cruel mortaja;
quiero ser tuyo, ¡oh Cristo!, en esta lucha.

Señor, la gran palabra que me avisa
que todo un mundo entero me deshaga
la sufriré gustoso si me escucha.

AMADO NERVO

Permíteme anhelar y elegir lo que conduce al objetivo

Todopoderoso, eterno Dios,
me has creado
junto con mis hermanos y hermanas para ti,
para conocerte, amarte,
servirte
y finalmente llegar a ti.

Todo lo que está en la Tierra,
nos lo has dado a los seres humanos, para que con su ayuda
podamos vivir conforme a tu llamado y nuestra vocación.

Concédeme claridad para discernir
lo que me conduce hacia ti,
para que pueda elegirlo,
y lo que me separa de ti,
para que pueda rechazarlo.
Concédeme tu Espíritu Santo,
para que solo anhele y elija
lo que me acerque más al objetivo
para el cual he sido creado.
Amén.

Basado en el *Principio y Fundamento* de SAN IGNACIO DE LOYOLA

  El hombre está creado para alabar, reverenciar y servir a Dios nuestro Señor, y así salvar su alma. Las otras cosas en la tierra están creadas para el hombre y para ayudarle a alcanzar el objetivo para el cual fue creado. De esto se deduce que el hombre debe usarlas en la medida en que le ayuden a alcanzar su objetivo y dejarlas en la medida en que le impidan hacerlo. [...] Solo debemos desear y elegir aquello que más nos ayude a alcanzar el objetivo para el cual estamos creados.

SAN IGNACIO DE LOYOLA, *Principio y Fundamento*

Oración vocacional de san Francisco de Asís

Sumo, glorioso Dios,
ilumina las tinieblas de mi corazón
y dame fe recta,
esperanza cierta
y caridad perfecta,
sentido y conocimiento, Señor,
para que cumpla
tu santo y verdadero mandamiento.

Oración ante la Cruz de San Damián

Sobre la vocación

Padre Santo,
nos llamas a ser santos,
como tú eres santo.
Te pedimos que nunca falten
en tu Iglesia servidores santos y apóstoles,
que a través de la palabra y los sacramentos
abran el camino al encuentro contigo.
Padre Misericordioso,
concede a la humanidad extraviada
hombres y mujeres,
que mediante el testimonio de una vida transformada
a imagen de tu Hijo
avancen gozosos con los demás hermanos y hermanas
hacia la patria celestial.
Padre nuestro,
con la voz de tu Santo Espíritu
y confiando en la intercesión maternal de María,
te imploramos fervientemente:
envía a tu Iglesia sacerdotes,
que sean testigos valientes
de tu infinita bondad.
Amén.

SAN JUAN PABLO II

Lo que importa hoy

Buen Dios,
despierto del sueño
y comienzo contigo un nuevo día.
Te pido: abre mi corazón
para que reconozca lo que importa hoy,
para que acepte lo que hoy me das,
para que, con tu ayuda, realice con alegría
lo que hoy me encomiendas.
Amén.

GEORG LENGERKE

Que cumpla tu amorosa voluntad

Señor Jesús,
te he pedido una cosa,
que no dejaré de pedirte nunca,
cumplir tu voluntad de amor,
todos los días de mi humilde y pobre vida.
En tus manos,
Dios de bondad,
pongo mi espíritu,
mi corazón y mi inteligencia,
mi razón y mi voluntad.
Y haz que los utilice
para servirte,
amarte, agradarte
y alabarte siempre.

SAN FRANCISCO DE SALES

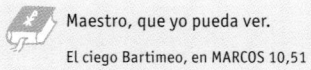

Maestro, que yo pueda ver.

El ciego Bartimeo, en MARCOS 10,51

Concédeme desear, reconocer y cumplir lo que te agrada

Concédeme, Dios misericordioso,
desear ardientemente lo que te agrada,
investigarlo con prudencia,
reconocerlo verazmente,
cumplirlo con perfección,
para alabanza y gloria de tu nombre.

Que no me goce ni me duela de nada
sino de lo que lleva a ti o aleja de ti.
A nadie desee agradar o tema desagradar sino a ti.
Amén.

SANTO TOMÁS DE AQUINO

Encontrar el camino hacia ti

Jesús, Hijo de David, ten piedad de mí.

Ilumina mis ojos,
para que encuentre el camino hacia ti.
Afirma mis pasos, para que no me desvíe del camino.
Abre mi boca,
para que hable de ti.
Deseas que ame a mi prójimo.
Permíteme servirles de tal manera
que encuentren su salvación y alcancen tu gloria.
Amén.

BEATO ALCUINO DE YORK

> Dios ha asignado a cada uno su lugar y sus responsabilidades, y presta atención a la forma en que cada uno aborda la asignación de Dios. Y está pendiente de ti. Tenlo presente y juzga cada acción como si te hubiera sido asignada directamente por Dios, sea cual sea.

TEÓFANES EL EREMITA

Tú me llamas

Creo, Señor, que me llamas a la felicidad,
a una nueva vida, al cielo que comienza en la Tierra;
a un estado de vida, a una misión en el mundo,
a las personas y a una comunidad que se extiende hasta el cielo.

Creo, Señor, que me llamas,
pero a menudo no escucho tu llamado.
Permíteme oírte y comprenderte en tu Palabra.
Atráeme, para que te busque y te encuentre.
Despierta mi anhelo, para que te reciba
donde dos o tres estén reunidos en tu nombre.
Envíame personas que me digan la verdad sobre ti,
para que de ti escuche la verdad sobre mí,
sobre la felicidad, la nueva vida y el cielo
que comienza en la Tierra.
Amén.

GEORG LENGERKE

> 99 Por lo tanto, somos realmente algo grande, pues el buen Dios, que nos ha creado y redimido, realmente valora nuestra existencia.
> SAN JUAN MARÍA VIANNEY, CURA DE ARS

Los pequeños pasos de la esperanza

Jesús, no esperaré, vivo el momento presente llenándolo de amor. La línea recta se compone de millones de pequeños puntos conectados entre sí. Asimismo, mi vida se compone de millones de segundos y minutos conectados. Si cuido que cada punto se una perfectamente con el siguiente, la línea será recta. Si vivo cada minuto a la perfección, la vida será santa. El camino de la esperanza se forma con pequeños pasos de esperanza. La vida de la esperanza se compone de breves minutos de esperanza. Como tú, Jesús, que siempre hiciste lo que agradaba a tu Padre. Cada minuto quiero decirte: Jesús, te amo, mi vida es siempre un nuevo y eterno pacto contigo. Cada minuto quiero cantar con toda la Iglesia: Gloria al Padre, al Hijo y al Espíritu Santo. Amén.

CARDENAL FRANÇOIS-XAVIER NGUYEN VAN

Envíame

«¿A quién enviaré y quién irá por nosotros?».
Yo respondí: «¡Aquí estoy: envíame!».

ISAÍAS 6,8

Envíame, Señor,
a donde te plazca,
pues si he sido enviado por ti,
estoy completamente seguro
de que tú me ayudarás
—en cualquier situación en que me encuentre—
a cumplir tu misión.
Amén.

SAN FRANCISCO DE SALES

Orar por las personas: acercarse a ellas

Artífices de la paz

Te agradecemos por los deseos, esfuerzos y realizaciones
que tu Espíritu de paz suscitó en nuestros días,
para sustituir el odio por el amor,
la desconfianza por la comprensión,
la indiferencia por la solidaridad.
Abre todavía más nuestro espíritu
y nuestro corazón para las exigencias concretas
del amor a todos nuestros hermanos,
para que seamos, cada vez más,
artífices de la PAZ.

SAN PABLO VI

> **"** Sin embargo, no basta con aprender oraciones de memoria, hay que vivirlas.
> Aplicar una y otra vez, incansablemente, una palabra durante el transcurso del día.
> ANTHONY BLOOM

Por los amigos

Buen Dios,
te presento a mis seres queridos, a mis amigos
y a esa persona que amo como a ninguna otra.
Protégelos de todo mal
y guíalos seguros en su camino.
Ayúdanos a distinguir
lo que nos une y lo que nos separa,
lo que nos sostiene y lo que nos oprime,
lo que somos el uno para el otro
y lo que no podemos ser.
Clarifica nuestra visión,
afianza nuestros corazones,
bendice nuestra amistad,
dirige nuestros pasos
y permítenos permanecer en tu amor.
Amén.

GEORG LENGERKE

Por mis padres

Dios, mi Creador,
como una vez me pusiste
en manos de mis padres,
así hoy coloco a mis padres
y sus caminos en tus manos.
Te agradezco que existan.
Ellos soportaron los dolores del parto,
de la preocupación y de la separación.
Me acogieron y me dejaron ir.
Te pido tu amor para ellos. Amén.

BERNHARD MEUSER

Por la persona que tú quieras darme

Dios fiel,
si así lo deseas, algún día me casaré.
Quienquiera que sea y dondequiera que esté,
te pido hoy por esta persona:
bendícela hoy y cada día,
y protégela de todo mal,
haz que su fe en ti crezca,
guárdala del amor falso
y de las heridas en cuerpo, alma y corazón.
Permite que ambos estemos atentos,
serenos y confiados mientras nos buscamos,
y llévanos a encontrarnos,
como tú lo desees.
Amén.

GEORG LENGERKE

> Te pido, mi querido amigo en Dios, que estés alerta y atento al camino por el que avanzas en tu vocación. Y agradece a Dios este llamado, pues con la ayuda de su gracia podrás mantenerte firme frente a los sutiles asaltos de los enemigos que te acosan desde dentro y desde fuera, a fin de que puedas ganar el premio de la vida eterna. Amén.
>
> *La nube del no saber*, de un escritor anónimo inglés del siglo XIV

Por las personas que me he perdido

Dios de los vivos y de los muertos,
te presento a...
a esa querida persona que me era tan cercana,
que tanto extraño
y por cuyo fallecimiento estoy triste.
Gracias por nuestra amistad, por lo que él significó para mí,
por lo que experimentamos y compartimos juntos,
lo que nos alegró y nos acercó el uno al otro.
Gracias por lo que lo hacía único,
por su manera de ver el mundo (¡y a mí!),
y por lo que nadie podía ver como él.
Te pido por él:
perdona las ofensas que pudo hacer.
Cura sus heridas y consuela su tristeza.
Que nada en su vida haya sido en vano.
Concédele la alegría de verte y amarte
en la nueva vida que la muerte no puede destruir.
A mí, ayúdame a dejarlo ir hacia ti.
Dices que tu amor es más fuerte que la muerte.
Concédele tu consuelo
en la fe en la resurrección de tu Hijo,
hasta que nos encontremos de nuevo en tu luz.
Amén.

GEORG LENGERKE

Para un difunto

Al Paraíso te lleven los ángeles:
que a tu llegada te reciban los mártires
y te introduzcan en la ciudad santa de Jerusalén.
Que el coro de los ángeles te reciba
y junto con Lázaro, que vivió pobre en la tierra,
tengas un descanso eterno.
Yo soy la Resurrección y la Vida.
El que cree en mí, aunque muera, vivirá.

De la Liturgia de difuntos

A los no deseados

Querido Dios, me has dado el valor de confiar en que me aceptas.
Continúa dándome la fuerza para amar a todos los no deseados
tanto como tú me amas y me aceptas.
Sabes, Señor, que los no deseados
son los más pobres entre los pobres.
Los ricos pueden ser tan no deseados
como los pobres de este pequeño planeta que nos has dado.
Permite que todos participemos de la riqueza de tu amor,
entonces también nos aceptaremos unos a otros
en tu reino en la Tierra.
Amén.

SANTA TERESA DE CALCUTA

> Servir significa estar al lado de las personas con el cuerpo y tocar el cielo con el espíritu a través de la oración.
>
> SAN JUAN CLÍMACO

A los más pequeños

Cada vez que lo hicieron con el más pequeño de mis hermanos,
lo hicieron conmigo.

MATEO 25,40

Señor, tú has ido delante de mí
hacia los más pequeños de nuestros hermanos y hermanas,
hacia los hambrientos y sedientos,
hacia los extranjeros y los desnudos,
hacia los enfermos y encarcelados.

Llévame contigo hacia ellos, Señor,
para que los encuentre y te encuentre en ellos,
para que ellos y yo volvamos a ser hermanos y hermanas
y estemos juntos contigo.

Lo que les haga a ellos,
lo haré contigo y también para ti.
Lo que recibamos unos de otros,
tú mismo nos lo quieres dar.
Donde nos sirvamos mutuamente,
te servimos a ti y a tu Reino,
que nadie sino tú mismo
puede establecer en medio de nosotros.
Amén.

GEORG LENGERKE

Señor, cómo quisiera

Señor, cómo quisiera
en cada aurora aprisionar el día,
y ser tu primavera
en gracia y alegría,
y crecer en tu amor más todavía.
En cada madrugada
abrir mi pobre casa, abrir la puerta,
el alma enamorada,
el corazón alerta,
y conmigo tu mano siempre abierta.
Ya despierta la vida
con su canción de ruidos inhumanos;
y tu amor me convida
a levantar mis manos
y a acariciarte en todos mis hermanos.
Hoy elevo mi canto
con toda la ternura de mi boca,
al que es tres veces santo,
a ti que eres mi Roca
en quien mi vida toda desemboca.
Amén.

De la Liturgia de las Horas

Deus absconditus

Eres un Dios escondido,
pero en la carne de un hombre.
Eres un Dios escondido
en cada rostro de pobre.

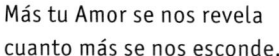

> **❝** Tu ángel guardián entró desde la eternidad a tu lado cuando fuiste renacido como hijo de Dios. Él camina contigo a través de tu vida y un día se presentará contigo ante el juicio de Dios. No lo pienses como un ser débil, como lo muestran algunas imágenes. Él es un espíritu poderoso, puro como el resplandor del sol, su conocimiento es incorruptiblemente claro, su voluntad, invencible. Él es tu compañero invisible, tu conciencia viva.
>
> ROMANO GUARDINI

Más tu Amor se nos revela
cuanto más se nos esconde.

Siempre entre tú y yo,
un puente.
Es imposible el vado.

Tanto me llamas tú
como te busco yo.
Los dos somos encuentro.
Haciéndome el que soy
—anhelo y búsqueda—
Tú eres el que eres
—don y abrazo—.

PEDRO CASALDÁLIGA

Tú, poderosa promesa de Dios

> Yo voy a enviar un ángel delante de ti.
> ÉXODO 23,20

Mi ángel,
tú, poderosa promesa de Dios,
nunca te he visto,
pero el Señor me dice que estás ahí.
No te he conocido
(¿o quizás solo te he olvidado?),
pero siempre has estado presente.
Permanece conmigo,
tú, santo amigo,
de día y durante la noche,
cuando estoy solo o acompañado.
Quédate a mi lado,
donde nadie más puede seguirme,
donde nadie más puede ayudar,
donde nadie más sabe qué hacer.
Protégeme,
tú, fuerte ayudante, lucha por mí,
defiéndeme de lo que me daña,
y guárdame de caer. Amén.

GEORG LENGERKE

Señor y Padre de la humanidad

Señor y Padre de la humanidad,
que creaste a todos los seres humanos
con la misma dignidad,
infunde en nuestros corazones un espíritu fraternal.

Inspíranos un sueño de reencuentro, de diálogo,
de justicia y de paz.
Impúlsanos a crear sociedades más sanas
y un mundo más digno,
sin hambre, sin pobreza, sin violencia, sin guerras.

Que nuestro corazón se abra
a todos los pueblos y naciones de la tierra,
para reconocer el bien y la belleza
que sembraste en cada uno,
para estrechar lazos de unidad, de proyectos comunes,
de esperanzas compartidas.
Amén.

PAPA FRANCISCO, *Fratelli tutti*

No adoramos a los santos. La adoración es solo para Dios. Pero el sí de Dios hacia nosotros es inmortal. Él no quiere que los muertos permanezcan en la muerte, sino que vivan con él. Aunque estemos separados, seguimos conectados con ellos más allá de la muerte. Así, nuestra oración juntos y unos por otros se extiende más allá de la iglesia terrenal y más allá de la muerte. Al rezar por los difuntos, nuestra oración alcanza hasta la muerte. En nuestras peticiones a los beatos y santos, y en su intercesión ante Dios por nosotros, nuestra oración mutua se extiende hasta el cielo.

Cuídanos como un padre amoroso

San José,
implora para nosotros el espíritu de sabiduría,
para que nos guíe en todos nuestros caminos
en la vida interna y externa.
Cuida también como un padre amoroso
de todas nuestras preocupaciones,
las eternas y las temporales,
especialmente por el día de hoy
y por una buena hora de nuestra muerte.
Amén.

Cuerpo y vida: confiados a nosotros

Tú nos has dado el cuerpo

Oh Dios de gracia y misericordia,
nos has dado la boca para proclamar tu alabanza.
Nos has dado los pies para llevar tu salvación.
Nos has dado las rodillas para que nos inclinemos ante ti con reverencia.
Nos has dado las manos para elevarlas hacia ti en agradecimiento e inter-
cesión,
y para que con ellas trabajemos en bendición para nuestros prójimos.
Nos has dado los oídos para escuchar tu voz.
Nos has dado el corazón para que arda en tu amor
y oriente todos nuestros miembros a tu servicio.
Ayúdanos a servirte a ti y a nuestro prójimo
con todos nuestros dones y con alegría.
Amén.

> 99 Sí, ¿quién puede ser bueno si se trata mal a sí mismo? Así que recuerda: date permiso
> a ti mismo. No digo que lo hagas siempre, no digo que lo hagas frecuentemente, pero digo:
> hazlo de vez en cuando. Está para ti como lo estás para los demás, o al menos después de
> todos los demás.
>
> SAN BERNARDO DE CLARAVAL al papa Eugenio III

Adorna mi corazón

Adorna mi corazón, Señor, con tu presencia;
transfórmalo en una morada para ti.
Tú eres el huésped que espero,
el amigo que debe quedarse conmigo.
A ti, que mereces un palacio,
solo puedo ofrecerte una humilde cabaña.
Adorno mi casa con anhelo y deseo.
Entonces, el brillo del cielo iluminará mi morada.
Mi casa será una catedral,
mi corazón un tabernáculo.
Adorna mi corazón, Señor, con tu presencia,
transfórmalo en una morada para ti.
Amén.

SAN JUAN XXIII

¿Quién soy yo? (Oración desde la celda)

¿Quién soy? A menudo me dicen que salgo de mi celda sereno y alegre, firme como un señor feudal de su castillo.

¿Quién soy? A menudo me dicen que hablo con mis guardianes de manera libre, amable y clara, como si tuviera autoridad.

¿Quién soy? También me dicen que soporto los días de desgracia con ecuanimidad, sonriendo y orgulloso, como alguien acostumbrado a vencer.

¿Realmente soy lo que otros dicen de mí? ¿O soy solo lo que yo mismo sé de mí? Inquieto, anhelante, enfermo, como un pájaro en la jaula, luchando por respirar, como si alguien me estrangulara, hambriento de colores, de flores, de cantos de pájaros, sediento de buenas palabras, de cercanía humana, temblando de ira ante la arbitrariedad y las más pequeñas ofensas, inquieto por la espera de grandes cosas, temeroso e impotente por amigos en la lejanía infinita, cansado y vacío para rezar, para pensar, para crear, agotado y listo para despedirme de todo.

¿Quién soy? ¿Este o aquel?

¿Soy hoy este y mañana otro? ¿Soy ambos al mismo tiempo?

¿Ante la gente un hipócrita y ante mí mismo un despreciable y lamentable cobarde?

¿O lo que queda en mí se parece al ejército derrotado que retrocede en desorden ante una victoria ya lograda?

¿Quién soy? Esta pregunta solitaria se burla de mí.

Quienquiera que sea, tú me conoces, tuyo soy, oh Dios.

Amén.

DIETRICH BONHOEFFER

Cuando ores, no le presentes a Dios a la persona que te gustaría ser. Llévale a la persona que has llegado a ser y como la que has vivido este último día. Sé sobrio y sincero.

Y luego pídele que saque a relucir tu verdadera humanidad. Ya está ahí, oculta. Él la ve, la conoce, la ama. Él te quiere incondicionalmente.

Cántico del hermano sol

Omnipotente, altísimo, bondadoso Señor,
tuyas son la alabanza, la gloria y el honor;
tan solo tú eres digno de toda bendición,
y nunca es digno el hombre de hacer de ti mención.

Loado seas por toda criatura, mi Señor,
y en especial loado por el hermano sol,
que alumbra, y abre el día, y es bello en su esplendor,
y lleva por los cielos noticia de su autor.

Y por la hermana luna, de blanca luz menor,
y las estrellas claras, que tu poder creó,
tan limpias, tan hermosas, tan vivas como son,
y brillan en los cielos: ¡loado, mi Señor!

Y por la hermana agua, preciosa en su candor,
que es útil, casta, humilde: ¡loado, mi Señor!
Por el hermano fuego, que alumbra al irse el sol,
y es fuerte, hermoso, alegre: ¡loado mi Señor!

Y por la hermana tierra, que es toda bendición,
la hermana madre tierra, que da en toda ocasión
las hierbas y los frutos y flores de color,
y nos sustenta y rige: ¡loado, mi Señor!

Y por los que perdonan y aguantan por tu amor
los males corporales y la tribulación:
¡felices los que sufren en paz con el dolor,
porque les llega el tiempo de la consolación!

Y por la hermana muerte: ¡loado, mi Señor!
Ningún viviente escapa de su persecución;
¡ay si en pecado grave sorprende al pecador!
¡Dichosos los que cumplen la voluntad de Dios!

¡No probarán la muerte de la condenación!
Servidle con ternura y humilde corazón.
Agradeced sus dones, cantad su creación.
Las criaturas todas, load a mi Señor. Amén.

SAN FRANCISCO DE ASÍS

99 La adoración debería estar al principio de todas nuestras acciones y ocupar una parte considerable de nuestra vida.

SAN CARLOS DE FOUCAULD

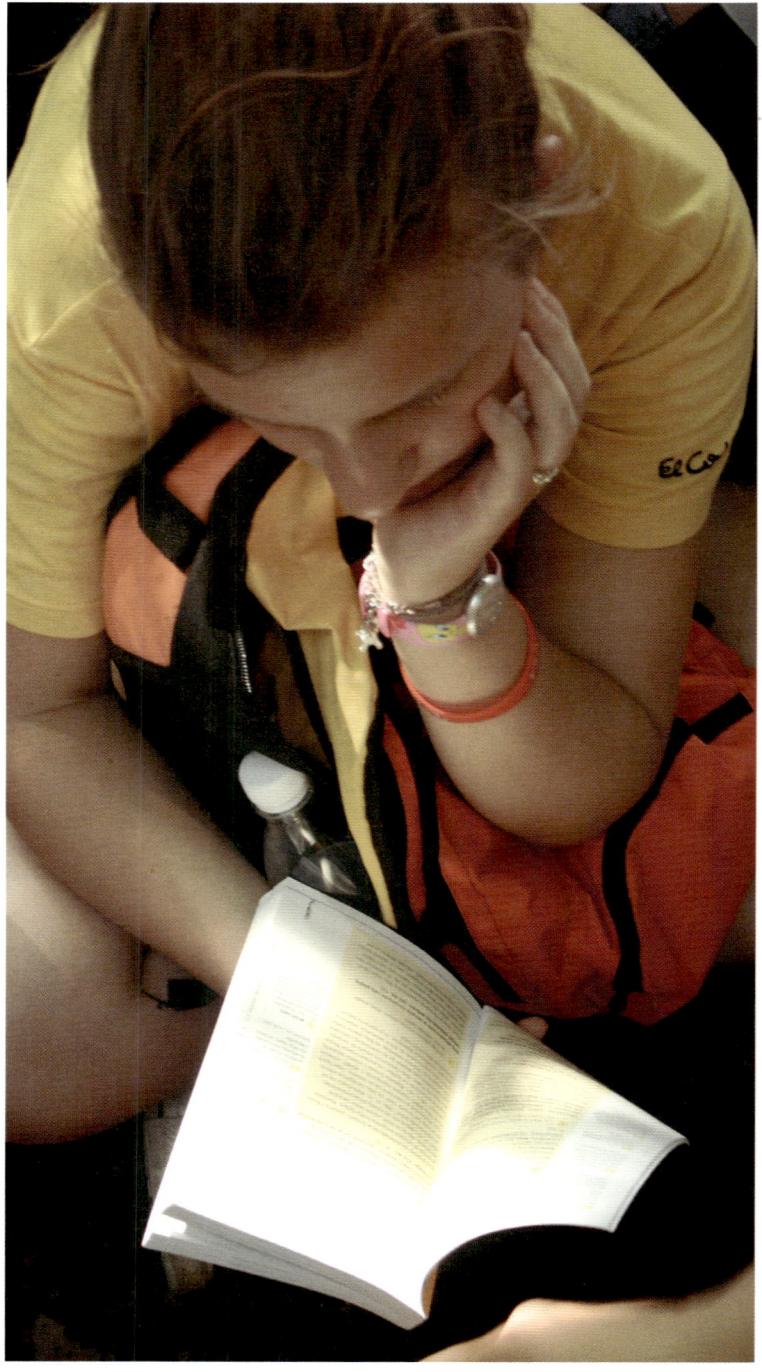

Para pedir fortaleza

No es posible, pues, la santidad en el hombre, Señor, si retiras el apoyo de tu mano. No aprovecha sabiduría alguna, si tú dejas de gobernarlo. No hay fortaleza inquebrantable, capaz de sostenernos, si tú cesas de conservarla.

Porque, abandonados a nuestras propias fuerzas, nos hundimos y perecemos; mas, visitados por ti, salimos a flote y vivimos.

SANTO TOMÁS DE KEMPIS

Por eso te pido, Señor, mantén tu mano sobre nosotros.

Guíanos y sé nuestro amparo. Ven a nosotros y levántanos de nuevo. Quédate con nosotros y ven una y otra vez, para que nos fortalezcamos y vivamos en ti.
Amén.

DÖRTE SCHRÖMGES

Para pedir la sabiduría

Dios, concédeme la serenidad para aceptar las cosas que no puedo cambiar, valor para cambiar aquellas que puedo, y sabiduría para reconocer la diferencia.
Amén.

Oración de la serenidad atribuida a Reinhold Niebuh

Que todo sea puesto en tus manos

En él la noche de los orígenes,
soles y luminarias
brillan bajo la bóveda
del firmamento estelar.
¡Oh Padre, supremo guía!
¡Prepara el camino!
Que puedan el origen y el fin,
de todas las cosas,
ser puestas en tus manos.
Amén.

EDUARD MÖRIKE

Confiar en tu Providencia

Oh Señor, has dicho
que nuestro Padre en el cielo cuidará de nosotros,
así como cuida de los lirios en el campo
y de los pájaros bajo el cielo.
Tú, que ni siquiera tenías un lugar
donde recostar tu cansada cabeza,
sé nuestro maestro.

Enséñanos a confiar en la Providencia de Dios,
y ayúdanos a superar la codicia humana,
que nunca ha hecho feliz a nadie.

Danos la fuerza para entregarnos completamente a ti,
para que podamos ser un instrumento para cumplir tu voluntad.

Bendice el uso del dinero en el mundo,
para que los hambrientos sean alimentados,
los desnudos vestidos, los pobres albergados
y los enfermos cuidados.

Y Señor, concédenos tu Santo Espíritu,
para que, mediante la fe que tú nos otorgas,
podamos reconocer claramente
que todos valemos más ante ti
que cualquier hermoso lirio
o cualquier alondra que canta en el aire.
Amén.

SANTA TERESA DE CALCUTA

Conectados y enredados

Oh Creador del mundo real,
te ofrezco lo que encuentro en internet:
las muchas palabras —las verdaderas y las falsas—,
las muchas personas —las cercanas y las lejanas—,
los muchos acontecimientos —los importantes y los no importantes—,
las muchas imágenes —de la grandeza y la mezquindad de las personas—.

Donde me he enredado en la red, libérame.
Donde mi corazón está herido por las imágenes, sáname.
Donde fui seducido, guíame a la verdad.
Concédeme que pueda distinguir el mundo virtual del real,
elegir sabiamente lo que realmente importa,
resistir con fuerza cualquier manipulación de opiniones,
usar en la medida adecuada lo que me das,
y vivir valientemente mi día a día contigo.
Amén.

GEORG LENGERKE

Suplicar en la necesidad

Con el corazón pesado

Dios vivo,
tú sabes cuán pesado está mi corazón y cuán estrecho mi pecho.
No sé qué hacer. Ayúdame, mi Dios.
Creo que quieres lo mejor para mí,
que te responsabilizas de todo lo que me ocurre,
y que guiarás todo para mi bien.
No permitas que el miedo gane poder sobre mí.
A ti confío este día y toda mi vida.
Guíame según tu voluntad y como sea mejor para mí.
Ya sea que viva o muera:
estoy contigo y tú estás conmigo, mi Dios.
Amén.

DÖRTE SCHRÖMGES

No somos responsables de las heridas que nos infligen. Pero sí somos responsables de cómo manejamos esas heridas: primero debemos querer, segundo pedir y tercero permitir que el Padre, a través del Salvador herido, tome nuestras heridas como propias y así las cure.

Fortalece en nosotros la esperanza

Te pedimos, Dios de la gracia y de la vida eterna,
que aumentes y fortalezcas en nosotros la esperanza;
danos esta virtud de los fuertes,
esta fuerza de los confiados,
este ánimo de los inconmovibles.
...
Y entonces, Señor y Dios nuestro,
tendremos la virtud de la esperanza.
Entonces podremos acometer animosos,
una y otra vez, la tarea de nuestra vida,
entonces vivirá en nosotros la gozosa seguridad
de que no trabajamos en balde;
entonces haremos nuestra obra
y sabremos que, cuando fallan nuestras fuerzas,
tú, Dios omnipotente, operas en nosotros,
por nosotros y sin nosotros, tu gloria y nuestra salvación eterna,
según tu beneplácito.
Fortalece en nosotros tu esperanza.
Amén.

KARL RAHNER

❞ Él
me mira, y yo lo miro.
Un viejo campesino respondió al párroco de Ars
cuando le preguntó qué hacía todo el día
en la iglesia.

Ven a nosotros

¡Ven a nosotros, Señor, cuando la noche nos envuelva!
Ven a nosotros en la noche de la desilusión,
ven a nosotros en la noche de la culpa,
ven a nosotros en la noche del miedo,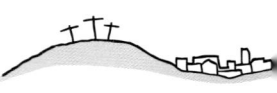
ven a nosotros en la noche del odio,
ven a nosotros en la noche de la soledad,
ven a nosotros en la noche del amor perdido,
ven a nosotros en la noche de la preocupación,
ven a nosotros en la noche del dolor,
ven a nosotros en la noche de las preguntas,
ven a nosotros en la noche del rechazo,
ven a nosotros en la noche de las relaciones rotas,
ven a nosotros en la noche de la desesperación,
ven a nosotros en la noche sin perspectivas,
ven a nosotros en la noche de la muerte.

Ven a mí, en mi noche,
y quédate conmigo, Señor,
en cada noche.
Amén.

En la enfermedad

Señor, tengo tiempo. Mucho tiempo.
Cuando estaba sano, pensaba qué maravilloso sería tener
mucho tiempo.
Ahora tengo tiempo, obligatoriamente.
Pero estas horas y días son otro tipo de tiempo.
Tiempo para pensar y para reflexionar,
para preguntar y también para reprochar.
Tantas cosas pasan por mi mente.
Señor, te necesito:
consérvame el buen ánimo, la confianza y la esperanza
de que eres bueno con nosotros, tus hijos.
Sé nuestro Dios en la alegría y en el dolor. Amén.
BLAISE PASCAL

> Cuando el miedo toca a la puerta, la fe responde, aquí nadie entra.
> MARTIN LUTHER KING

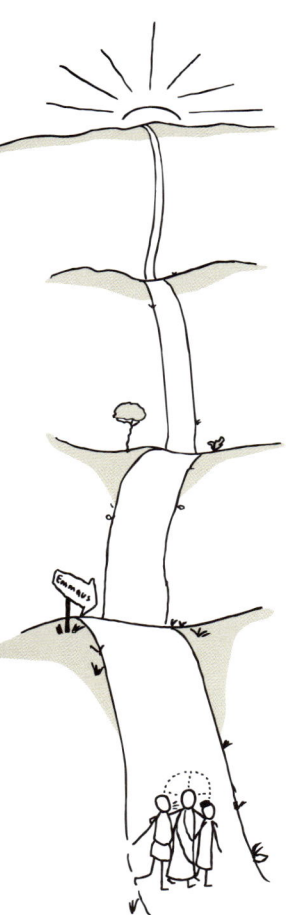

Oración con los discípulos de Emaús

Mis ojos están cautivos,
y mi memoria encerrada
en una especie de cine-prisión
con la misma película de siempre
con temas del pasado.

Mi esperanza permanece incumplida,
mi fe es traicionada,
mi amor es avergonzado, ahorcado, profanado,
y su cadáver robado.

Detrás de mí, mi Jerusalén,
al cual miro,
y al mirarlo y me petrifico.

Delante de mí un Emaús
con un área de descanso
en el camino a ninguna parte.

Dime, compañero de camino no reconocido,
qué es lo que realmente ha sucedido,
y quién es aquel en quien he creído.

Libera, misterioso maestro,
mi mirada fija
y abre la prisión
de mi memoria cautiva.

Quédate conmigo, amigo desconocido,
pues cae la tarde y mi día llega a su fin
si no eres tú quien parte el pan para mí
y te reconozco.
Amén.

GEORG LENGERKE referente a Lucas 24,13-35

Quédate con nosotros, porque ya es tarde y el día se acaba.

Los discípulos de Emaús.
LUCAS 24,29

99 Estas palabras son en las Escrituras la primera oración que la Iglesia dirige al Resucitado. Orar, sin saber siquiera que lo está haciendo –una palabra de lo cotidiano, de un momento de conmoción, de agradecimiento, de alegría y al mismo tiempo de un profundo anhelo y preocupación–. Rara vez se ha pronunciado una más bella.
HEINRICH SPAEMANN

A donde vaya, allí estás tú

¿Adónde iré para estar lejos de tu espíritu?
¿Adónde huiré de tu presencia?
Si subo al cielo, allí estás tú;
si me tiendo en el Abismo, estás presente.
Si tomara las alas de la aurora
y fuera a habitar en los confines del mar,
también allí me llevaría tu mano
y me sostendría tu derecha.
Si dijera: «¡Que me cubran las tinieblas
y la luz sea como la noche a mi alrededor!»,
las tinieblas no serían oscuras para ti
y la noche sería clara como el día.
Gloria al Padre y al Hijo y al Espíritu Santo.
Como era en el principio, ahora y siempre,
por los siglos de los siglos. Amén.

SALMO 139

 No necesitamos huir de Dios. Y no podemos. Él nos sigue.
Incluso hasta la oscuridad más profunda, incluso hasta la cruz.
Incluso hasta allí donde nadie quiere conocer a Dios y las tinieblas creen haber vencido a la luz.

Cuando las personas son leones

Cuando todo se vuelva muy difícil para mí.
Cuando el miedo me oprima la garganta.
Cuando no vea ninguna salida.
Cuando las personas sean como leones
y yo me retuerza como un miserable gusano.
Entonces pon tú las palabras correctas en mi boca.
Entonces guíame tú de la estrechez a la amplitud.
Entonces dame tú esperanza en el miedo.
Entonces muéstrame tú el camino hacia la libertad.
Amén.

DÖRTE SCHRÖMGES sobre Ester 4,17s

Oraciones espontáneas

Padre, en tus manos encomiendo mi espíritu.

LUCAS 23,46

Jesús, Hijo de David, ¡ten piedad de mí!

MARCOS 10,47

En ti, mi Dios, estoy a salvo.

Ver Salmo 131,2

Tanto en la vida como en la muerte, pertenezco al Señor.

Ver Romanos 14,8

Señor, ¿a quién iremos? Tú tienes palabras de Vida eterna.

JUAN 6,68

¡Señor mío y Dios mío!

JUAN 20,28

Quédate con nosotros, porque ya es tarde y el día se acaba.

LUCAS 24,29

¡Ven, Señor Jesús!

APOCALIPSIS 22,20

Mi Dios y Señor, fortaléceme en esta hora.

Ten piedad de mí, Señor, pues soy débil.

Tú en mí y yo en ti.

Ser finito e inmortal

Tú eres mi principio y mi fin

> Yo soy el Alfa y el Omega,
> el Primero y el Último,
> el Principio y el Fin.
>
> APOCALIPSIS 22,13

Tú eres mi Alfa y mi Omega, mi Primero y mi Último,
mi principio y mi fin. Antes de mi comienzo existías tú,
después de mi fin seguirás existiendo.
Y entre medio:
ayer, hoy, mañana estás presente,
quieres llegar, das la vida,
te das a ti mismo.
Maranatha. ¡Ven, Señor Jesús!

GEORG LENGERKE

> La oración aramea *Maranatha* puede dividirse de diferentes maneras y, por lo tanto, también puede entenderse de diferentes formas: *Marana tha* («¡Señor, ven!»), o *Maran atha* («El Señor ha venido»). En esta dualidad de interpretaciones, se hace evidente lo especial de la expectativa cristiana del regreso de Jesús. Es el llamado «¡Ven!' y al mismo tiempo la agradecida certeza de «Él ha venido».
>
> BENEDICTO XVI

Antecede con tu gracia

Antecede nuestro rezar y laborar
con tu gracia y guíanos.
Que todo cuanto iniciemos,
en ti tenga su origen
y por ti alcance su culminación.
Amén.

De la Liturgia

Nuestro corazón está inquieto

Eres grande, Señor, y muy digno de toda alabanza,
grande es tu poder, e infinita tu sabiduría:
y pese a ello, te quiere alabar el hombre,
que es una pequeña parte de tus criaturas:
el hombre que lleva en sí no solamente su mortalidad
y la marca de su pecado,
sino también la prueba y testimonio de que tú resistes a los soberbios.
Pero tú mismo le excitas a ello de tal modo,
que haces que se complazca en alabarte;
porque nos criaste para ti,
y está inquieto nuestro corazón hasta que descanse en ti.

SAN AGUSTÍN

> Ser piadoso es buscar el rostro de Dios; vivir en función de su rostro. Este es el sentido de la creación, tal como dijo Agustín: «nos criaste para ti».
>
> ROMANO GUARDINI

Después de un día aparentemente desperdiciado

Querido Dios,
cuando pienso en tu Palabra:

> Pronto regresaré trayendo mi recompensa,
> para dar a cada uno según sus obras.
>
> (APOCALIPSIS 22,12),

... me digo que estará cohibido conmigo,
porque no tengo obras. No podrá pues,
darme según mis obras...
¡pues bien me dará según sus propias obras!

SANTA TERESA DE LISIEUX

> Y si, como esta noche, no tengo nada que ofrecerle, entonces él deberá tener ese mismo nada.
>
> SANTA TERESA DE LISIEUX

Oh Dios, de tu luz clara

Oh Dios, de tu luz clara
creaste para nosotros el día luminoso.
Te buscamos, fuente de luz,
ahora que el día declina.
El sol se dirige al oeste en su trayectoria predeterminada,
rápidamente cae la tarde y envuelve al mundo en oscuridad.
Te suplicamos, oh supremo Señor, cansados por la carga del día,
que con tu bendición la noche nos acoja en su descanso.
Cuando se incline nuestro último día,
disipa, Señor, las tinieblas
y guíanos en tu gracia hacia la luz que no conoce ocaso.
Esto concédenos, Padre todopoderoso, y tú, único Hijo del Padre,
que en unidad con el Espíritu
reináis eternamente en el reino de la luz.
Amén.

Inspirada en *Deus, qui claro lumine*, siglos VII-VIII

> Job dijo: «Desnudo salí del vientre de mi madre,
> y desnudo volveré allí. El Señor me lo dio y el Señor me lo quitó:
> ¡bendito sea el nombre del Señor!».
>
> JOB 1,21

Volveré a comenzar una vida nueva

¡Oh Dios, todas las noches vengo feliz
a tu lado para darte gracias
por todos los beneficios
que me has concedido
y para pedirte perdón por las faltas
que he cometido en esta jornada,
que acaba de pasar como un sueño...

¡Qué feliz sería, Jesús,
si hubiese sido enteramente fiel!
Pero, ¡ay!, muchas veces por la noche estoy triste
porque veo que hubiera podido
responder mejor a tus gracias...

Sin embargo, Dios mío,
lejos de desalentarme
a la vista de mis miserias,
vengo a ti confiada, acordándome de que
«no tienen necesidad de médico los sanos,
sino los enfermos».
Te pido, pues,
que me cures, que me perdones…

Y mañana, con la ayuda de tu gracia,
volveré a comenzar una vida nueva,
cada uno de cuyos instantes
será un acto de amor y de renuncia.

Después de haber venido así,
cada noche, al pie de tu altar,
llegaré por fin a la última noche de mi vida,
y entonces comenzará para mí
el día sin ocaso de la eternidad,
en el que descansaré sobre tu divino Corazón
de las luchas del destierro.
Amén.

SANTA TERESA DE LISIEUX

La oración para alcanzar mi objetivo de vida en Dios y la oración por el camino hacia él están conectadas. El camino no es el destino. Pero no debemos olvidar el camino terrenal por el objetivo celestial. Cuando ores, no intentes orar para escapar de tu vida real por Jesús. ¡Jesús ha venido para que tu vida sea también su vida! Por lo tanto, ora más bien para entrar con él en la verdadera vida diaria. Así, el día a día con él se convierte en el camino en el que te encuentras con su objetivo.

En tus manos, buen Dios

En tus manos, buen Dios, pongo este día.
Tú me lo has regalado, y a ti te lo devuelvo.
Conserva en mí lo que me has dado,
haz que germine la semilla que has sembrado hoy
y completa tú lo que yo simplemente pude empezar.
Amén.

Nunc dimittis (Cántico de Simeón)

Ahora, Señor, puedes dejar
que tu servidor muera en paz,
como lo has prometido,
porque mis ojos han visto la salvación
que preparaste delante de todos los pueblos:
luz para iluminar a las naciones paganas
y gloria de tu pueblo Israel.
Gloria al Padre y al Hijo y al Espíritu Santo.
Como era en el principio, ahora y siempre,
por los siglos de los siglos. Amén.

Cántico del anciano Simeón al encontrarse con el Niño Jesús en el Templo en
LUCAS 2,29-32

Recuérdame, Señor

> Concédenos sentarnos uno a tu derecha
> y el otro a tu izquierda,
> cuando estés en tu gloria.
> Santiago y Juan, en MARCOS 10,37

A veces, Señor, me resulta familiar
el anhelo de tus discípulos por el cielo
y su angustiosa pregunta
sobre si la historia terminará bien.

Recuérdame el cielo, Señor,
y no dejes que olvide el camino
por el que la meta vendrá a mi encuentro

Recuérdame tu reino, Señor,
y no me dejes olvidar mis ideas sobre él,
ni que olvide la vida cotidiana en la que ha de comenzar tu reino.

Recuérdame tu venida, Señor,
y no dejes que me olvide de mi vida
ni que olvide tu muerte,
a través de la cual quieres vivir conmigo.

Recuérdame tu promesa, Señor,
de que la historia acabará bien,
porque también has hecho mi historia parte de la tuya.
Amén.

GEORG LENGERKE

Tú mismo serás juez

Míranos, Señor,
día tras día nos arrastramos unos a otros
ante el tribunal de nuestra propia implacabilidad
y nos entregamos a la muerte de las relaciones.
Pero tú mismo serás juez
sobre vivos y muertos.

Tomo y dejo en tus manos el juicio final
sobre las personas que me rodean,
sobre mis padres y hermanos,
sobre mis conocidos y amigos,
sobre los que amo y los que rechazo,
sobre aquellos que me han hecho daño
y aquellos a los que debo algo,
sobre aquellos de los que estoy separado,
y aquellos con los que estoy enredado.
Los dejo a tu juicio final
y te ruego que seas misericordioso con ellos.

Tomo y dejo en tus manos el juicio final
sobre mí mismo,
que día tras día se dicta implacablemente dentro de mí.
Sé mi juez día tras día,
pues solo tú eres justo y misericordioso.

GEORG LENGERKE

Orar con la Madre de Jesús

María, Madre del sí

María, Madre del sí, tú escuchaste a Jesús
y conoces el timbre de su voz
y el latido de su corazón.

Estrella de la mañana, háblanos de él
y descríbenos tu camino
para seguirlo por la senda de la fe.

María, que en Nazaret habitaste con Jesús,
imprime en nuestra vida tus sentimientos,
tu docilidad, tu silencio que escucha y hace florecer
la Palabra en opciones de auténtica libertad.

María, háblanos de Jesús, para que el frescor
de nuestra fe brille en nuestros ojos
y caliente el corazón de aquellos
con quienes nos encontremos,
como tú hiciste al visitar a Isabel,
que en su vejez se alegró contigo
por el don de la vida.

María, Virgen del Magníficat,
ayúdanos a llevar la alegría al mundo
y, como en Caná, impulsa a todos los jóvenes
comprometidos en el servicio a los hermanos
a hacer solo lo que Jesús les diga.

María, dirige tu mirada al ágora de los jóvenes,
para que sea el terreno fecundo de la Iglesia.
BENEDICTO XVI

 Yo soy la servidora del Señor. Que se cumpla en mí lo que has dicho.
María, en LUCAS 1,38

 Hagan todo lo que él les diga.
María, en JUAN 2,5

Ora para que Jesús, muerto y resucitado,
renazca en nosotros
y nos transforme en una noche llena de luz,
llena de él.

María, Virgen de Loreto, puerta del cielo,
ayúdanos a elevar nuestra mirada a las alturas.
Queremos ver a Jesús, hablar con él
y anunciar a todos su amor.

BENEDICTO XVI (ORACIÓN A LA VIRGEN DE LORETO)

Quién eres tú

María,
tú, anticipo,
tú, tenue luz,
tú, canción matutina,
tú, aroma de hogar,
tú, mano cálida,
tú, hermana,
tú, amiga,
tú, sonrisa del cielo.

BERNHARD MEUSER

Al ver a la madre y cerca de ella al discípulo a quien él amaba, Jesús le dijo: «Mujer, aquí tienes a tu hijo». Luego dijo al discípulo: «Aquí tienes a tu madre». Y desde aquella hora, el discípulo la recibió en su casa.

JUAN 19,26-27

Madre, has permanecido fiel

Santa María, Madre del Señor,
has permanecido fiel cuando los discípulos huyeron.

Al igual que creíste cuando el ángel te anunció lo que parecía increíble
—que serías la madre del Altísimo—, también has creído en el momento
de su mayor humillación.

Por eso, en la hora de la cruz, en la hora de la noche más oscura del mundo, te han convertido en la Madre de los creyentes, Madre de la Iglesia.

Te rogamos que nos enseñes a creer y nos ayudes para que la fe nos impulse a servir y dar muestras de un amor que socorre y sabe compartir el sufrimiento.
Amén.

BENEDICTO XVI

Mira hacia nosotros

Querida Madre,
dígnate a mirar a tu pueblo,
que con confianza te honra como su madre,
y de ti busca ayuda y consuelo.

Bendícenos en tu corazón,
consuélanos en nuestros dolores,
acompáñanos en toda necesidad,
muéstranos a Jesús después de la muerte.

SANTA HILDEGARDA DE BINGEN

Salve Regina (Dios te salve, Reina)

Dios te salve, Reina y Madre de misericordia,
vida, dulzura y esperanza nuestra, Dios te salve.
A ti clamamos los desterrados hijos de Eva,
a ti suspiramos, gimiendo y llorando en este valle de lágrimas.
Señora, abogada nuestra,
vuelve a nosotros esos tus ojos misericordiosos;
y después de este destierro, muéstranos a Jesús,
fruto bendito de tu vientre.
Oh clemente, oh piadosa, oh dulce siempre Virgen María.
Ruega por nosotros, santa Madre de Dios,
para que seamos dignos de alcanzar las promesas
de nuestro Señor Jesucristo.
Amén.

HERMANN VON REICHENAU Y SAN BERNARDO DE CLARAVAL

Alma Redemptoris Mater (Madre Sublime)

Madre del Redentor, Virgen fecunda,
puerta del Cielo
siempre abierta,
estrella del mar,
ven a librar al pueblo que tropieza
y se quiere levantar.

Ante la admiración
de cielo y tierra,
engendraste a tu Santo Creador,
y permaneces siempre Virgen.

Recibe el saludo del ángel Gabriel
y ten piedad de nosotros pecadores.

HERMANN VON REICHENAU

Bajo tu protección y amparo

Bajo tu protección y amparo nos acogemos, santa Madre de Dios.
No desprecies nuestras súplicas en nuestras necesidades,
sino líbranos siempre de todos los peligros, oh gloriosa y bendita Virgen,
nuestra Señora, nuestra Mediadora, nuestra Abogada.
Guíanos hacia tu Hijo, recomiéndanos a tu Hijo, preséntanos ante tu Hijo.

Himno mariano del siglo III

Ya en las Escrituras, María es descrita como la Reina del cielo: Y apareció en el cielo un gran signo: una Mujer revestida del sol, con la luna bajo sus pies y una corona de doce estrellas en su cabeza.

APOCALIPSIS 12,1

Mi alma (Tu morada)

Dios vivo, en tu gracia
haces que el alma del creyente sea más grande que el cielo.
Pues ni el cielo ni los demás seres creados pueden contenerte,
el Creador de todas las cosas.
Pero mi alma quiere ser para ti un lugar de residencia y descanso.
Así como la Virgen María te llevó en su cuerpo,
así quiero llevarte en mi corazón.
Quiero darte morada
en los espacios de mi alma y de mi cuerpo.
Quiero seguir los pasos de tu madre María en entrega, humildad y pobreza.
Cristo, quiero abrazarte,
como tú me abrazas a mí y a todo el mundo.
Tú eres mi verdadera riqueza y nada en el mundo
tiene un valor comparable al tuyo.
Amén.

Según SANTA CLARA DE ASÍS

Alabanza a María

Salve, Señora, santa Reina,
santa Madre de Dios María,
que eres virgen hecha Iglesia
y elegida por el santísimo Padre del cielo,

consagrada por él con su santísimo Hijo amado
y el Espíritu Santo Paráclito,
en la que estuvo y está toda la plenitud de la gracia y todo bien.
Salve, palacio suyo; salve, tienda suya;
salve, casa suya; salve, vestidura suya;
salve, sierva suya; salve, madre suya,
y todas ustedes, virtudes santas,
que por la gracia y la iluminación del Espíritu Santo
sois infundidas en el corazón de los fieles,
para que de infieles se vuelvan fieles a Dios.

SAN FRANCISCO DE ASÍS

Alégrate, Reina del cielo

V/. Reina del Cielo, alégrate; aleluya.
R/. Porque el que mereciste llevar en tu seno; aleluya.

V/. Resucitó según dijo; aleluya.
R/. Ruega por nosotros a Dios; aleluya;

V/. Gózate y alégrate, Virgen María; aleluya.
R/. Porque resucitó en verdad el Señor; aleluya.

Rosario

+ En el nombre del Padre y del Hijo y del Espíritu Santo. Amén.
Creo en Dios ... (Credo, pp. 88ss)
Gloria al Padre y al Hijo y al Espíritu Santo.
Como era en el principio, ahora y siempre, por los siglos de los siglos.
Amén.

Padre nuestro, que estás en el cielo...

Dios te salve, María (3 veces, cada una con los añadidos de Fe, Esperanza, Amor):
Dios te salve, María, llena eres de gracia, el Señor está contigo. Bendita tú eres entre todas las mujeres, y bendito es el fruto de tu vientre, Jesús...

   ... que en nosotros aumente la fe.
   ... que en nosotros fortalezca la esperanza.
   ... que en nosotros encienda el amor.

Santa María, Madre de Dios,
ruega por nosotros pecadores,
ahora y en la hora de nuestra muerte. Amén.

Gloria al Padre...

Padre nuestro, que estás en el cielo...

Dios te salve, María (10 veces cada una)

1. Los *misterios gozosos*, que contemplan cinco escenas sobre el nacimiento de Jesús:

   ... al que tú, oh Virgen, concebiste del Espíritu Santo. (LUCAS 1,35)
   ... al que tú, oh Virgen, llevaste a Isabel. (LUCAS 1,39-56)
   ... al que tú, oh Virgen, diste a luz en Belén. (LUCAS 2,1-20)
   ... al que tú, oh Virgen, presentaste en el Templo. (LUCAS 2,22-24)
   ... al que tú, oh Virgen, encontraste en el Templo. (LUCAS 2,41-52)

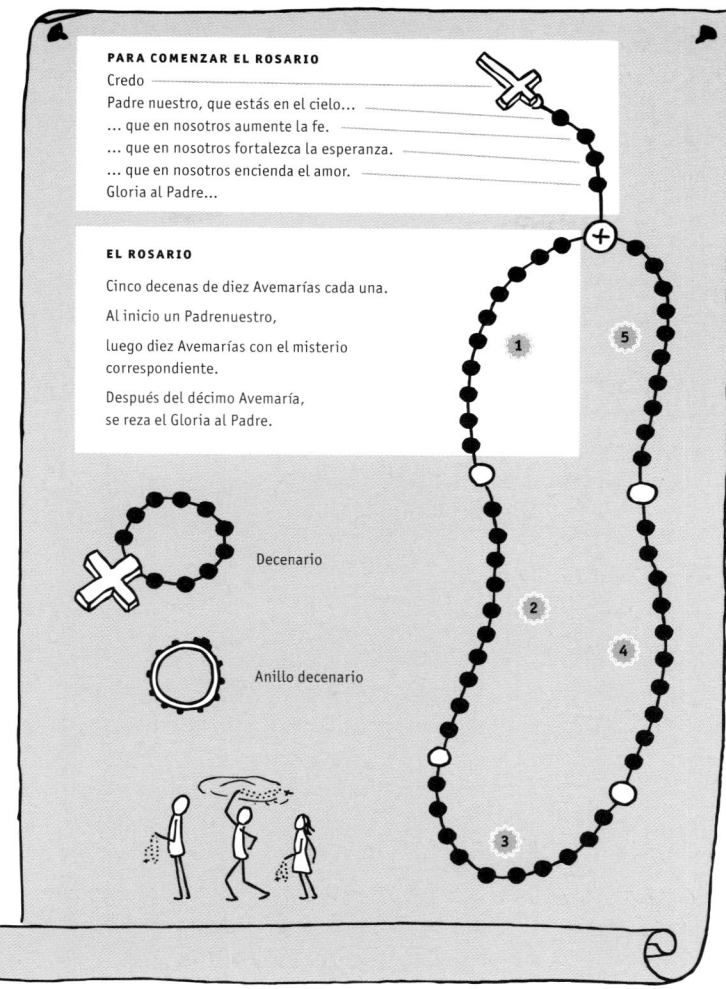

PARA COMENZAR EL ROSARIO

Credo

Padre nuestro, que estás en el cielo...

... que en nosotros aumente la fe.

... que en nosotros fortalezca la esperanza.

... que en nosotros encienda el amor.

Gloria al Padre...

EL ROSARIO

Cinco decenas de diez Avemarías cada una.

Al inicio un Padrenuestro,

luego diez Avemarías con el misterio correspondiente.

Después del décimo Avemaría, se reza el Gloria al Padre.

Decenario

Anillo decenario

> Desde mis años de niñez y juventud, esta oración ha ocupado un lugar importante en mi vida espiritual. El rezo del Rosario me ha acompañado en momentos de alegría y de prueba. He depositado muchas preocupaciones en esta oración y siempre he encontrado fortaleza y consuelo a través de ella.
>
> SAN JUAN PABLO II

> Si no saben cómo orar, pídanle a Él que les enseñe, y pidan a su Madre celestial que ore con ustedes y por ustedes. El rezo del Rosario puede ayudarles a aprender el arte de orar, con la sencillez y profundidad de María.
>
> BENEDICTO XVI

2. Los *misterios luminosos*, que nos presentan cinco escenas de la vida pública de Jesús:

    ... el que fue bautizado por Juan. (LUCAS 3,21-22)

    ... el que se reveló en la boda de Caná. (JUAN 2,1-12)

    ... el que nos anunció el Reino de Dios. (MATEO 9,35)

    ... el que fue transfigurado en la montaña. (LUCAS 9,28-36)

    ... el que nos dio la Eucaristía. (MARCOS 14,17-25)

3. Los *misterios dolorosos*, que incluyen cinco estaciones del camino de la Pasión de Jesús:

    ... el que sudó sangre por nosotros. (LUCAS 22,44)

    ... el que fue azotado por nosotros. (JUAN 19,1)

    ... el que fue coronado de espinas por nosotros. (JUAN 19,2)

    ... el que cargó la cruz pesada por nosotros. (JUAN 19,17)

    ... el que fue crucificado por nosotros. (JUAN 17,18)

4. Los *misterios gloriosos*, que contemplan cinco verdades de fe de la Pascua:

    ... el que resucitó de entre los muertos. (LUCAS 24,6)

    ... el que ascendió al cielo. (HECHOS 1,9-11)

    ... el que nos envió el Espíritu Santo. (HECHOS 2,1-13)

    ... el que te asumió, oh Virgen, en el cielo. (1 CORINTIOS 15,22-23)

    ... el que te coronó, oh Virgen, en el cielo. (APOCALIPSIS 12,1)

> 99 El Rosario es [...] un rezo profundamente cristológico. En la sobriedad de sus partes, reúne la profundidad del mensaje del Evangelio, del cual es en cierto modo un resumen. [...] Con el Rosario, el pueblo cristiano entra a la escuela de María, para ser introducido en la contemplación de la belleza del rostro de Cristo y en la experiencia de la profundidad de su amor. En la contemplación de los misterios del Rosario, el fiel obtiene gracia en abundancia, que recibe como si fuera directamente de las manos de la Madre del Redentor.
>
> SAN JUAN PABLO II

Índice de nombres

Los números de página en **negrita** indican las oraciones; los números en redonda, las citas.

Índice de oraciones

Referencias

Págs. 45, 66, 139: Bonhoeffer, Dietrich: *Widerstand und Ergebung*, © 1998, Gütersloher Verlagshaus, Gütersloh, Verlagsgruppe Random House GmbH

Pág. 104: *Es ist Zeit zur Aussaat (Es tiempo de sembrar)*. Novena por las vocaciones espirituales y los ministerios eclesiales en el año jubilar de la archidiócesis de Friburgo (1827-2002)

Agradecimientos

Damos las gracias, por su consejo y discernimiento, a todos los jóvenes que han orado con nosotros y han revisado críticamente los textos aquí recopilados.

Fotos
Congregación de las Hermanas Franciscanas de Siessen 95; Gianna B (Unsplash) 167; Antonio Guillem (Shutterstock) 6; Jozef Gwozdz SVD 28, 45; Jenkedco (Shutterstock) 84; JFDIORIO (Shutterstock) 116; Alexander Lengerke 10-11, 61, 146, 163; Felix Löwenstein 127; P. Leo Maasburg 144; Brian Mann (Unsplash) 16; Antoinette Mirbach-Harff 25; Lukasz Pajor (Shutterstock) 49; Ricardo Perna 36, 82, 114; Dmitry Pichugin (Shutterstock) 141; Renata Sedmakova (Shutterstock) 160; Luc Serafin 16, 19, 53, 57, 80, 86, 92, 100-101, 122, 128, 136, 142, 151; Wieslaw Skowronski SVD 61.
Interior de las portadas: Michaela Heereman, Christoph Hurnaus (www.papstfoto.com), Instituto YOUCAT (www.youcat.org)